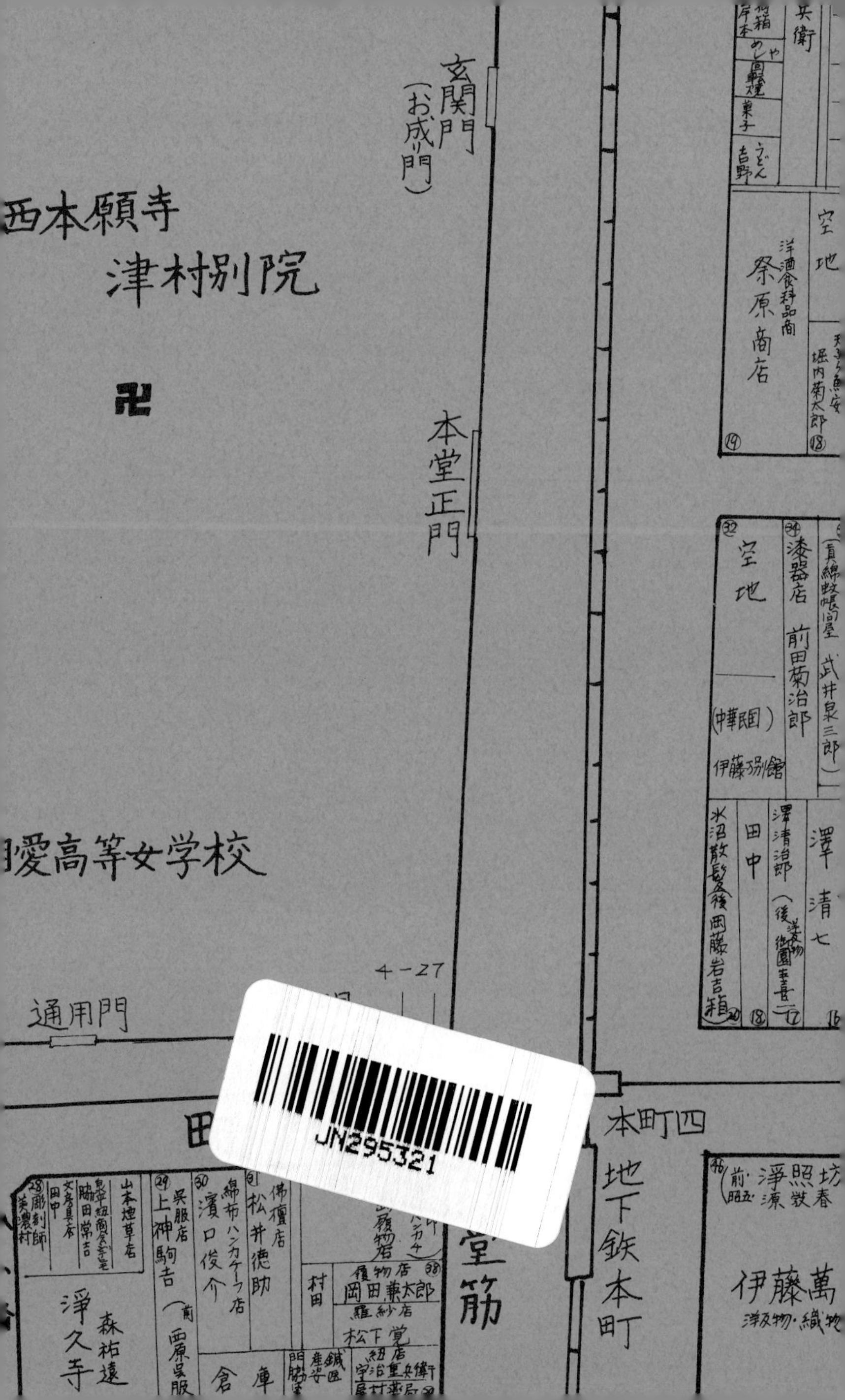
西本願寺
津村別院
玄関門
（お成り門）
本堂正門
通用門
愛高等女学校
4−27
本町四
地下鉄本町
堂筋
兵衛
めしや
菓子
うどん
吉野
空地
洋酒食料品商
祭原商店
堀内菊太郎
空地
漆器店
前田菊治郎
（中華民国）
伊藤分館
武井泉三郎
澤清七
田中
澤清治郎
坊春
照数
浄源
伊藤萬
洋反物・織物
山本煙草店
彫刻師
田中
呉服店
上神駒吉
綿布ハンカチーフ店
濱口俊介
佛壇店
松井徳助
履物店
岡田兼太郎
羅紗店
松下覚
村田
倉庫
浄久寺
森祐遠

四元弥寿 著
飯倉洋一
柏木隆雄
山本和明
山本はるみ
四元大計視 編

なにわ古書肆

鹿田松雲堂 五代のあゆみ

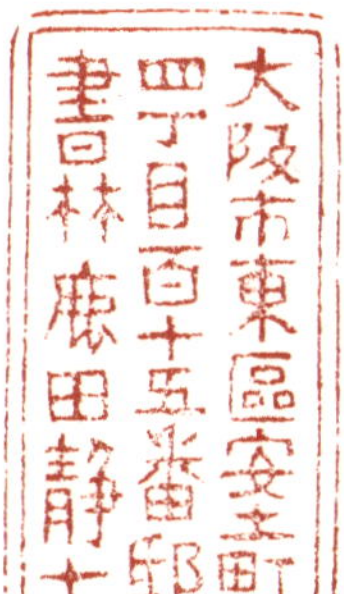

鹿田静七印記

上方文庫39
和泉書院

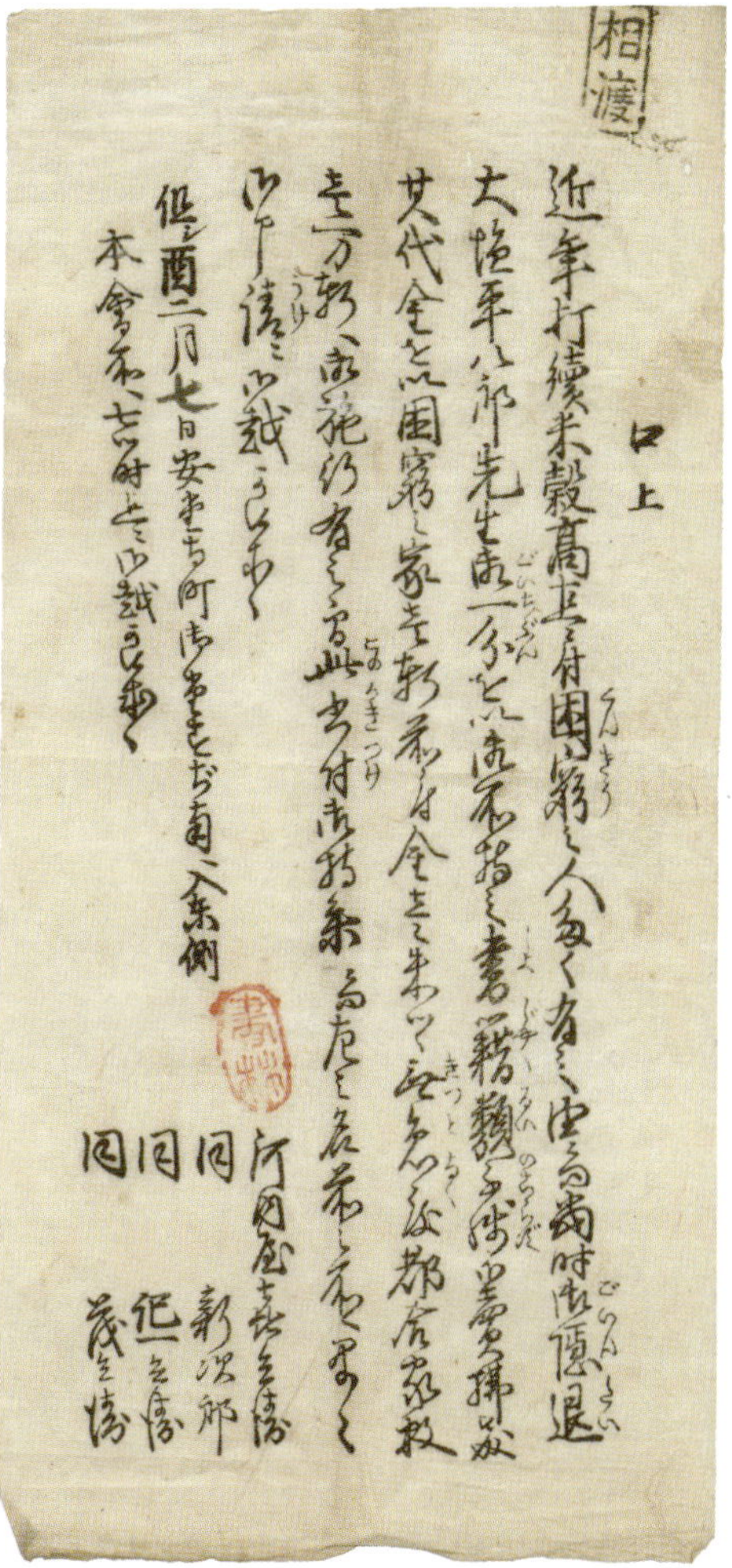

口絵1　大塩平八郎市中施行券引札（天保八年刷物）

〈翻刻〉　口上

近年打続米穀高直に付、困窮《こんきう》之人多く有之由にて、当時御隠退《ごいんたい》大塩平八郎先生、御一分《ごいちぶん》を以、御所持之書籍類不残《しよじやくるいのこらず》御売払被成、其代金を以、困窮之家一軒前に付金壱朱つゝ、無急度《きつとなく》都合家数壱万軒へ御施行有之候間、此書《このかき》付《つけ》御持参にて、左之名前之所へ早々御申請《うけ》に御越可被成候

但し酉二月七日安堂寺町御堂すぢ南へ入東側
　本会所へ七ツ時迄に御越可被成候

書林　河内屋喜兵衛
　　　同　新次郎
　　　同　記一兵衛
　　　同　茂兵衛

天保七年に米価は一升一貫三百文まで高騰。困窮する人々を見て大塩平八郎は自身の蔵書を四書肆に託し売却。獲得資金七百五十両を元に人々へ施行した際に配布した引札である。この券には既に「相渡」印有。旧主家河内屋新次郎より引替済券が初代清七へ相応に割愛されており、「書籍月報」十二号（明治二十四年四月十日）には、書籍注文の際、希望者へ送呈する旨記載あり。

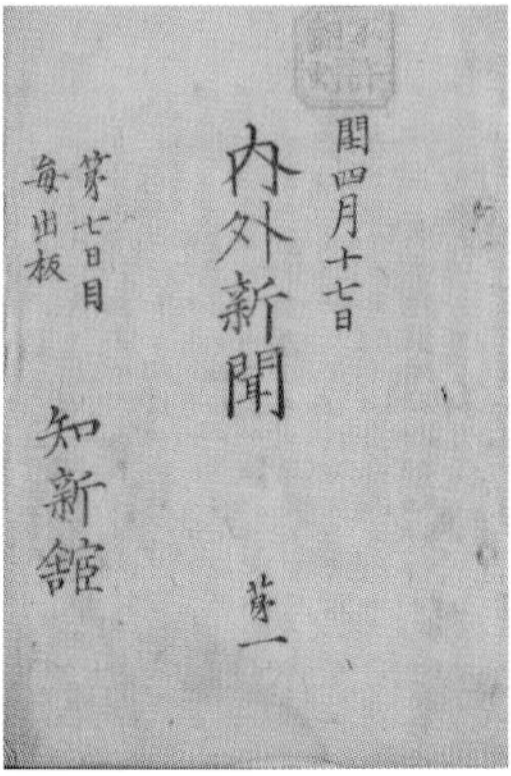
閏四月十七日
内外新聞
第七日目
毎出板
知新館
第一

口絵２「内外新聞」

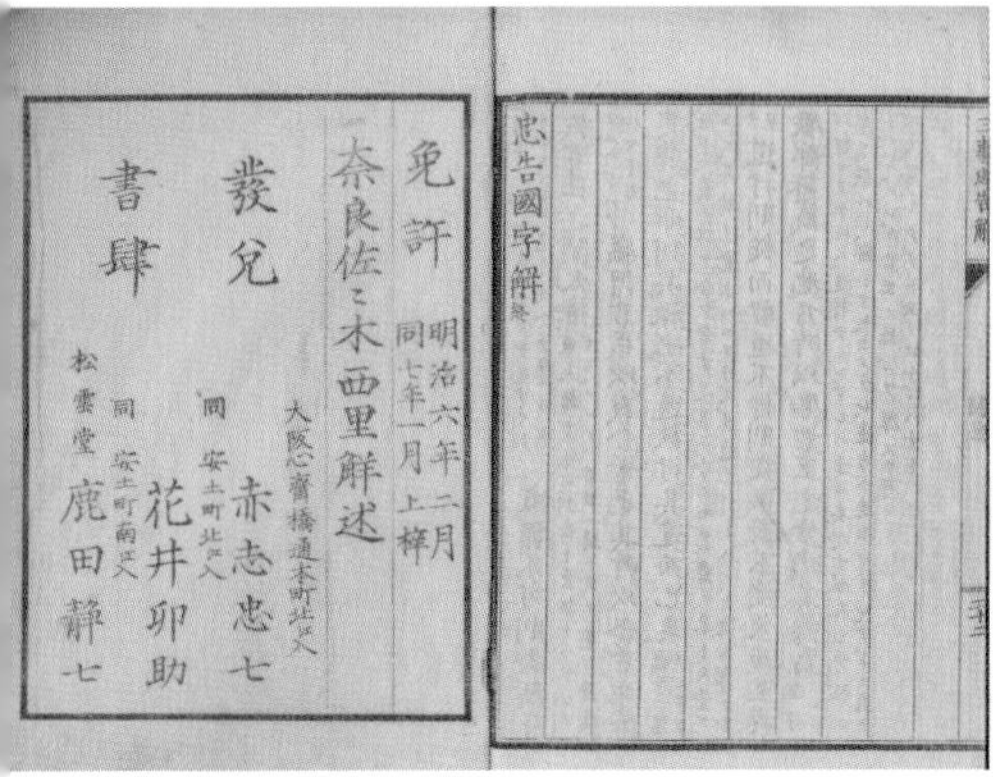
忠告國字解
免許 明治六年二月
同七年一月上梓
奈良佐々木西里解述
發兌
書肆
大阪心斎橋通本町北ヘ入 赤志忠七
同 安土町北ヘ入 花井卯助
同 安土町南ヘ入 松雲堂 鹿田静七

口絵３「忠告国字解」

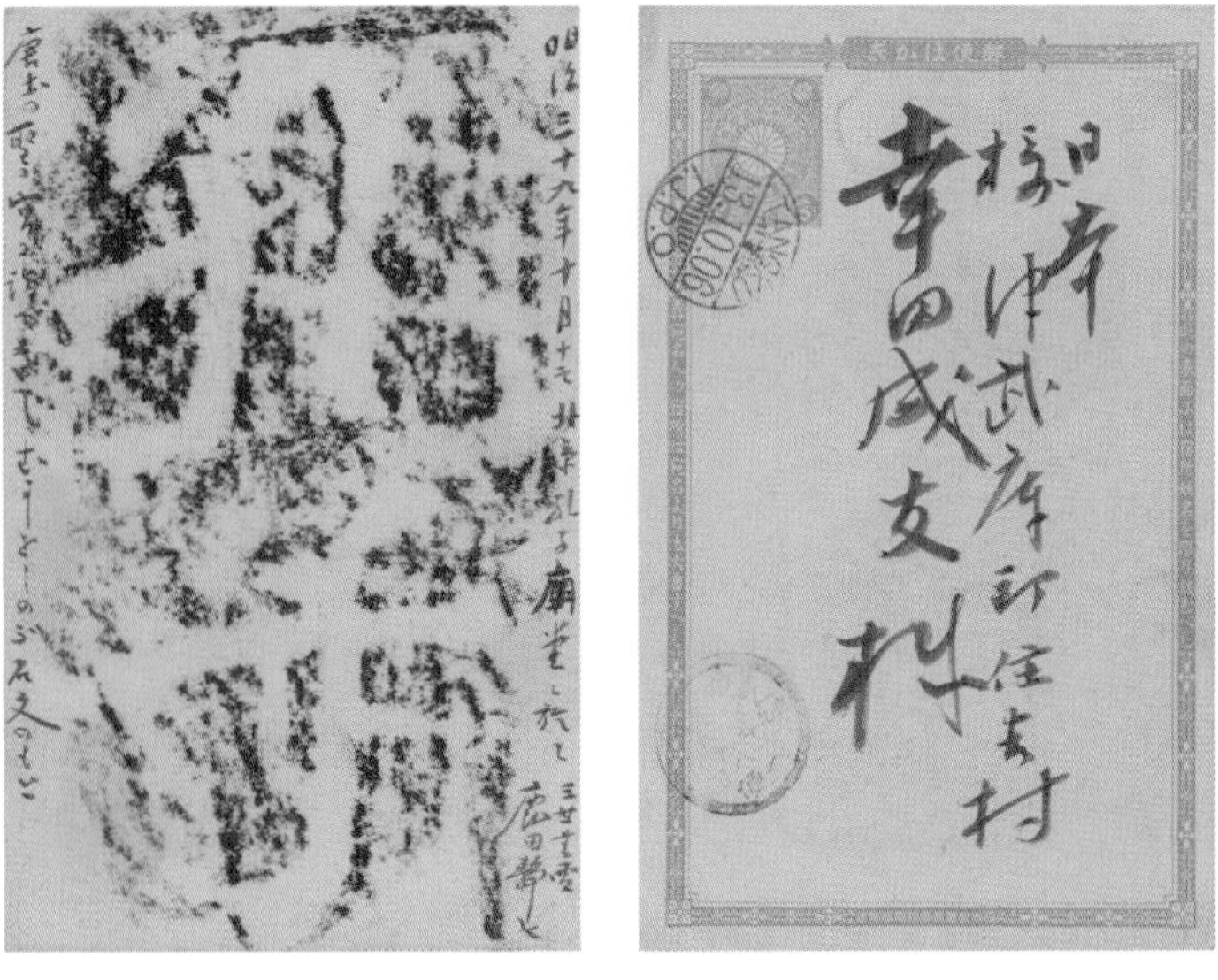
日本
摂津武庫郡住吉村
幸田成友様

口絵４ 清国から出した幸田成友宛ハガキ

口絵５「富岡文庫御蔵書入札目録」

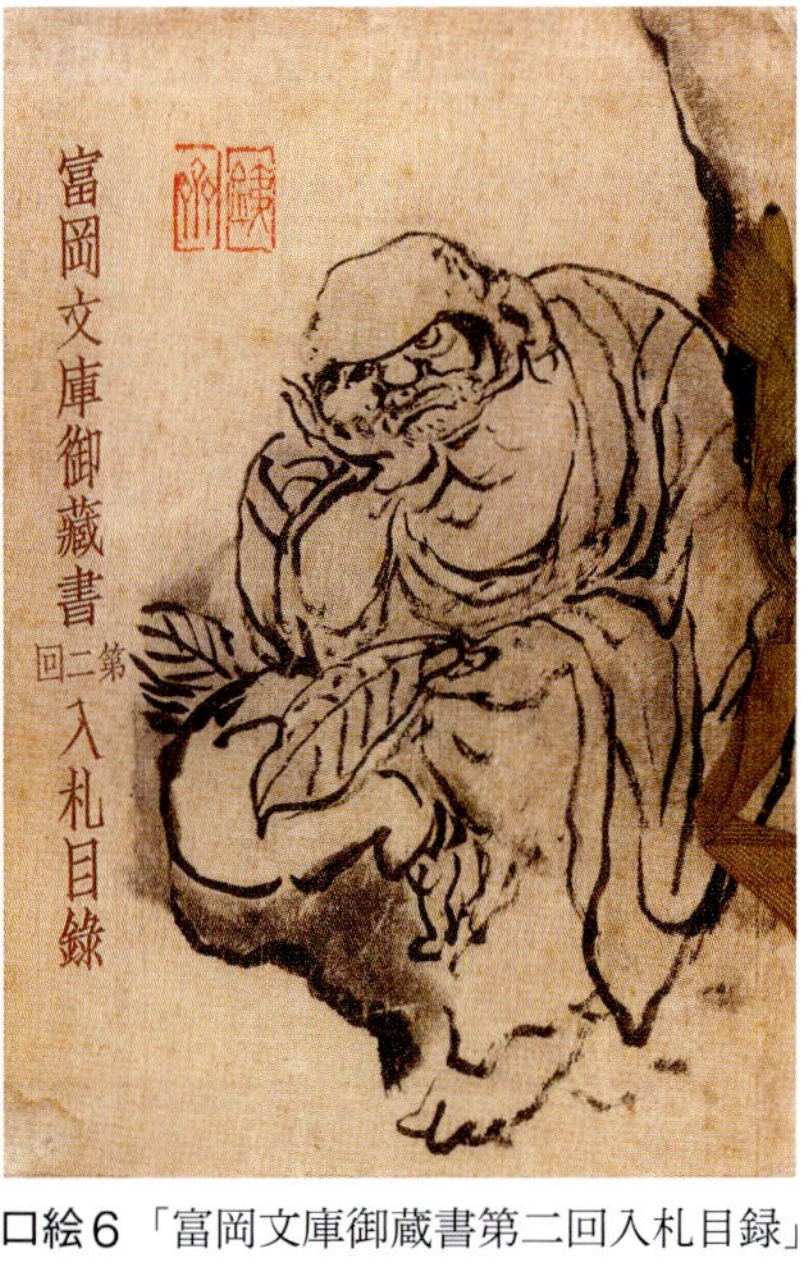

口絵６「富岡文庫御蔵書第二回入札目録」

口絵７「古典」

口絵８「住吉大社御文庫貴重図書目録」

鹿田松雲堂と私

元関西大学教授　肥田晧三

鹿田松雲堂は大阪船場の安土町にあり、江戸時代から続く古典籍の老舗として我邦を代表する著名な店であつた。私が成人する以前に、店舗が大阪南郊の帝塚山に移り船場の地を離れたので、安土町の店のことを私は残念ながら知らぬままになつた。ただ、同じ船場の順慶町心斎橋筋に支店があり、この店は少年時代に父親が丸善に行く時にいつも付いて行つて店先を通りすぎるのでよく知つていた。というより、後に中学生の時にここで買物をしている。松雲堂南支店（心斎橋店）は和本専門店ながら、大へんモダンな表構え、左右のガラス扉を押して出入りする店の造りが、その頃の心斎橋筋でも際立つてハイカラで、中央のショウウインドウに古典籍が飾つてあつた。後に知つたが、松雲堂四代当主鹿田文一郎氏の弟武二さんが、昭和十年にこの場所に新店を開いたとのことで、それなら、ほとんどその直後から私はこの店を知つていたことになる。大きくなつたらこのような店で買物したいなァの気持を知らず知らずに持ち、

和本に対して強いあこがれを抱くに至つたらしい。昭和十九年の中学二年生の時に、私はここではじめて買物をして『物類称呼』と『大阪島之内燈心屋孝女伝』の二点を購入したのであった。『物類称呼』は題簽の全部揃つた新品さながらの美しい本で、岩波文庫に編入されたばかり、諸国方言を集めた内容であることを知つていた。古書市場には滅多に出ぬ稀本であることも後に知つた。『燈心屋孝女伝』は島之内生まれで小学生の時から『上方』の南木芳太郎氏に質問の手紙を出したりして郷土研究の好きだつた私には、なによりもわが意に叶う書物であつた。二冊とも値段がいくらだつたかは記憶にないが、高価だつたことは確かである。中学生の分際でそのような買物のできたいきさつは、かつて「古本修業の第一歩」の題で

書いた（『芸能懇話』第九号、平成七年）ので重複をさけ省略する。しかしながら、翌年の昭和二十年三月十四日の戦災で松雲堂の店も私の家も焼失、買つたばかりの本は灰燼に帰した。たつた一回きりの買物であつたが、七十年前のその日の店内の様子が不思議に今でも鮮明に思い出される。

昭和三十六年の秋、私の三十一歳の時である。『日本古書通信』の大阪の中央堂書店の出品目録に鹿田松雲堂の『書籍月報』と『古典聚目』合計百四十冊が載つた。『書籍月報』は明治二十三年に第一号を出し、以後、古書籍の通信販売目録として続刊、明治四十二年『古典聚目』と改題、昭和十八年二月まで全部で百五十六冊に及ぶ、この業界で最も重んぜられる書目である。水谷不倒の名著『明治大正古書価之研究』（昭和八年刊）はこの鹿田目録を参照、引用することで完成した著述である。『古書通信』に出たのは、創刊第一号からの数冊を欠き、完全揃いではなかつたけれど、私は和本のことをもつと深く知りたく、どうしてもこれを手に入れたいと思つたのだが、なにぶん高価で、貧乏書生にとつてはたやすからざる事態である。でも、江戸時代にどのような書物がどれ位刊行されているのか、この目録の全冊に眼をとおしたら、その流れが手取り早く勉強できるのではと直感、かならず大きな教示をうけるにちがいないと確信して、無理をして入手したのである。折から長い病床生活の最中で自分に出来ることは読書だけ、たつぷりある時間を熱中して毎日のように目録を見ることを続けた。好きな作者の著述、大阪先賢の人たちの著述、刊本、写本、自筆稿本、その書名をノートに摘記する。たちまちノートが積み上るたのしい作業。書名を覚えて中味を知らぬ変則なことで、こんなのが〝外題学問〟とでもいうのか、しかし無一物の私にとつてこの時の勉強は生涯の最も大きな収穫になつた。当時を回想するにつけ、鹿田松雲堂代々の遺産からうけた量り知れぬ恩恵に、感謝の思いが一杯である。

平成二十三年一月、未知の山本はるみ様が御母堂四元弥寿さんの遺稿『鹿田松雲堂の代々』の冊子を送つて下さつた。大阪大学名誉教授柏木隆雄先生のお口添えで頂いたのであつた。山本さんと柏木氏は大学時代の同級生、親しいお友達であるとうけたまわつた。四元弥寿様は松雲堂四代主人鹿田文一郎氏の御息女で、私は一度だけであるが、昭和六十年頃に大阪美術倶楽部での古典会の催しでお眼にかかつている。それより先き『船場復元地図』(昭和五十九年刊)をお作りなさつていて、お名前はその時からすでに存じ上げていた。『鹿田松雲堂の代々』はお家の歴史をまとめた苦心の御著作で、代々の御家庭のことが特に詳しく大へん参考に拝見した。山本はるみ様に御恵与のお礼を申上げるについて、四元様の記述になお補足してほしい松雲堂資料のいくつか、気の付いたものをコピーしてお送りした。そんな御縁から、三月になつて山本はるみ様、原田登美子様（松雲堂五代鹿田章太郎氏御息女）、柏木隆雄先生のお三方が揃つて拙宅を訪ねて下さり、皆さまに親しくお眼にかかつた。私は八十歳になつてはからずも、少年時代から縁故ふかかつた鹿田家の御遺族とお逢い出来て、感慨のあさからざるをおぼえた。このたび四元弥寿さん御長男四元大計視様をはじめ鹿田家御親族のみなさまで『なにわ古書肆鹿田松雲堂　五代のあゆみ』の刊行がきまり、書物文化史に大きな足跡をのこす鹿田松雲堂の事蹟が広く顕彰される運びとなりこんなうれしいことはない。上梓に際し、思いがけなく拙稿を徴されたのであるが、もとよりその任でなく辞退すべきところ、はなはだ僭越きわまることであつたが「鹿田松雲堂と私」のつたない一文を綴つた。挿入の図版は『大阪好書録』（昭和三十年二月・大阪史談会刊）に載つている長谷川貞信（三代）の画である。明治の鹿田松雲堂店頭を写した貴重な珍しい図柄なので、なによりの記念として、ここに転載して拙稿を飾らせていただくことにした。

『古書肆《なにわ》鹿田松雲堂　五代のあゆみ』由来

鹿田松雲堂は、江戸時代後期、文政の頃から河内屋新次郎（岡田積小館）に奉公、修業したのち本家から暖簾分けを許された初代鹿田清七（のち静七）が、天保十四年（一八四三）卯閏九月十八日、三十一歳の時に立ち上げて以来、百年の長きにわたり大阪浪速の古書肆として、扱う書籍の質、量ともに内外の学者、趣味人、蒐集家たちの衆望を集めたことは、店の無くなった今も語り草になっている。そのことは序文にいただいた肥田晧三先生の文章に詳しい。

本書は、四代鹿田静七の長女やす、後に四元弥寿による松雲堂店主五代に関する覚書に、五代それぞれについての記録を補う資料を追補することによって、単に浪速の一古書肆史のみならず、大阪の文化的、歴史遺産を鳥瞰し得る貴重な書籍として面目を新たにすることになった。

覚書の筆者四元弥寿女は大正十三年大阪船場に生まれ、船場幼稚園、船場小学校から本町の相愛高等女学校に進学するという文字通りの船場の「いとはん」として育ち、父四代静七の眼鏡にかなった四元見昌《ちかまさ》氏と昭和十九年に結婚。見昌氏は当時吉川製油所と合併中であった牧油化工業所に勤務しており、昭和二十七年「大油株式会社」を設立（昭和四十八年「タイユ」と社名変更して本年六十周年を迎える）して実業家として活躍した（平成十八年歿、享年八十九）。弥寿女は二十九歳の頃、病気療養の徒然を慰めるために習い始めた編み物を、近隣の女子に乞われて教え始めたのが始まりで、自宅のある香里園の外にも「編み物手芸教室」を展開し、七十歳になるまでその経営にあたられた。

生粋の船場っ子である弥寿女は、彼女が通った船場小学校周辺、昭和十年代のたたずまいをタイプ用紙三十三枚をつづり合わせた地図で再現（本書の表紙見返し参照）、同窓生の協力を得て、一軒一軒、記憶を確かめながら丹念に踏査して作り上げた船場地図は、昭和六十年二月十七日の「読売新聞」に大きく取り上げられてもいる。

しかし彼女の船場への熱烈な思いは、その地に長く店舗を構え、大阪の文化人の梁山泊、サロンとなった曾祖父代々の鹿田松雲堂への愛惜の念に根ざしたものにほかならない。弟章太郎氏が五代目として店を継ぐや、終戦直後の時世がら、やむなく廃業にいたった痛恨は、晩年ますます強くなり、家伝の資料や書籍を調査しつつ、書肆五代の事績をノートする日々を送るようになった。

折しも平成十七年、大阪府立中之島図書館において「近代大阪の耀き―古書肆・鹿田松雲堂と大阪の雅人文人たち―」展が開催されて、鹿田松雲堂関係の典籍も展観されることになり、その準備として学芸員の訪問や資料調査の依頼も重なり、いよいよ自家の大阪文化の発展に資するところ甚大であることを今更ながらに確認した弥寿女は、「五代のあゆみ」の編纂、執筆に専念した。中之島図書館は言うに及ばず、松雲堂と深く、親しい関係にあった中尾松泉堂につながる方々とも連絡を取り、鋭意完成に余念がなかったが、不幸、平成二十二年八十六歳で本書の元となった「鹿田松雲堂五代記」を未完のまま残して不帰の客となった。

私がその手記を読んだのは、神道に拠る弥寿女五十日祭を期し、嗣子四元大計視氏によって配られた冊子によってである。その手記をまとめた長女の山本はるみ氏は、偶然ながら私の大阪大学文学部の同期生であり、彼女が母上の遺志を継いで、弥寿女手書きの文章をパソコンに打ち込み、印刷、発行したものを、あるいは私にも興味あるかと一冊送ってくださったのだ。

読後、たちまちこの書のきわめて資料的価値あることを思い、おそらくは松雲堂に深い関心と知識をお持ちでいらっしゃる肥田先生に一冊呈上することを山本さんに勧め、あわせて江戸時代の古書に親しんでおられる大阪大学名誉教授の信多純一先生には私がお届けし、かつ大阪大学教授飯倉洋一先生にもお送りするようにお願いした。

先生方からは意味ある手記との予想以上の感想をいただいて、せっかくなら覚書の文章を今少し精査して整え、江湖に示すことはできないかと、和泉書院編集員楠英里氏に図ったところ、廣橋研三社長からもご承諾いただけたことから、単に手記のみならず、その拠りどころとなる資料、四元家に残る書籍、目録、軸、絵画、写真などを合わせて紹介すれば、大阪文化探勝のきわめて優れた案内となるだろうと想が膨らんだ。そのためにはフランス文学をわずかに学ぶに過ぎない私には荷が重いことは明らかなので、上田秋成を軸とした近世文学の専門家として、日ごろご教示を賜っている飯倉洋一先生にご協力を乞うたところ、快諾を得た上に、さらに屈強の助っ人として近世近代の文学と出版事情に精通される相愛大学教授山本和明先生をご紹介くださり、その上、近世近代の日本漢文に詳しい大阪大学の合山林太郎講師を仲間に加えてくださった。以来、私たちは何度も香里園の四元家を訪れて、広い客間も狭しと山積みになった資料を前に、あれこれ取捨選択、その吟味をして整理にあたることになった。

本書の第一の意義は、何よりも四代目長女、五代目の姉にあたる四元弥寿著「鹿田松雲堂　五代のあゆみ」にあると考え、それを補うに四元家が鹿田家から預って保管してあったものを中心に、五代の店主にまつわる今日稀覯の典籍、写真、諸記事の引用を以てした。その編集の過程で、他に鹿田松雲堂に縁故のある方々からのご厚意で、さまざまな珍奇で貴重な資料も寄せられたが、しかしそれらの多くはむしろ大阪古書肆史、あるいは近代大阪出版史など、さらに浩瀚な書物の出現の際に活用されるべきだろうと考えて、その大半を割愛した。御温情を謝すとともに、博雅の士のご宥恕をいただきたい。

弥寿女による「五代のあゆみ」の本文、われわれが補った資料編においても、人名、書名その他、さらに適切な注をつけるべきであろうが、さまざまな制約からこれも断念せざるをえなかった。とはいえ近来インターネットによって多くの事象が簡単に検索できるようになっている。読者の興味の赴くところ、それぞれに博捜の翼を広げていただければ幸いである。

本書の成るにあたって、多くの方のご助力をいただいた。肥田晧三先生は序文を下さるばかりでなく、掲載の資料の多くを提示、借覧を許されるなどご尽力くださった。また四元大計視氏を始め鹿田家につながる多くの方々からもご協力いただくことにもなった。中でも本書著者の長女山本はるみ氏は、出版の議が俎に上るや、横浜の自宅と香里園の実家を度々往復して、テクストの作成から、翻刻された資料のデジタル文書化にいたるまで、母上の魂が乗り移ったかのような奮闘ぶりで献身された。本書の完成は、ひとえにそれらの方々の温かいお力添えによる。改めて心からの感謝をささげる。

最後に、日々に世知辛くなる現代において、貴重ではあるが、易々とは出版しがたい書物に、浪速の文化掲揚のために一肌も二肌も脱いでくださった和泉書院社長廣橋研三氏、編集者として終始適切な意見を述べて下さった同書院編集員楠英里氏に満腔の謝意を呈したい。

平成二十四年七月吉日

編集諸子を代表して

柏木隆雄

目次

資料編

鹿田松雲堂　五代のあゆみ

四元弥寿

神戸市立博物館にて
古井翁、三代静七遺愛の平賀源内の手写になる日本最初の油絵「西洋美人図」の前で。この絵は松雲堂の常連客が通された二階に掛けられており、後神戸市立博物館に寄贈された。（平成13年５月）

篠崎千代
篠崎和子
篠崎幸（千代の叔母）
河原田知事
鹿田静七（四代）
篠崎　正
鹿田ヨシ
鹿田章太郎（五代）
入江来布
鹿田やす（後に四元）

昭和18年８月大阪府河原田知事　篠崎家御先祖へ
お参りの際の記念撮影（於：天徳寺）

河原田《かわらだ》稼吉《かきち》氏（29代大阪府知事）が、工芸協会の新会長に就任、錦繡堂で催された歓迎会の席上、「自分は大阪に縁があり、実は篠崎小竹先生の末孫で……（小竹の娘の嫁いだ奥村家より河原田家に養子）」と述懐された。それを聞いた入江来布氏が一驚し、近所で懇意にしていた鹿田静七（四代）に連絡した。静七も篠崎小竹子孫の篠崎千代に話し、篠崎家菩提寺である天徳寺において縁故の人々が集まり、記念撮影となった。

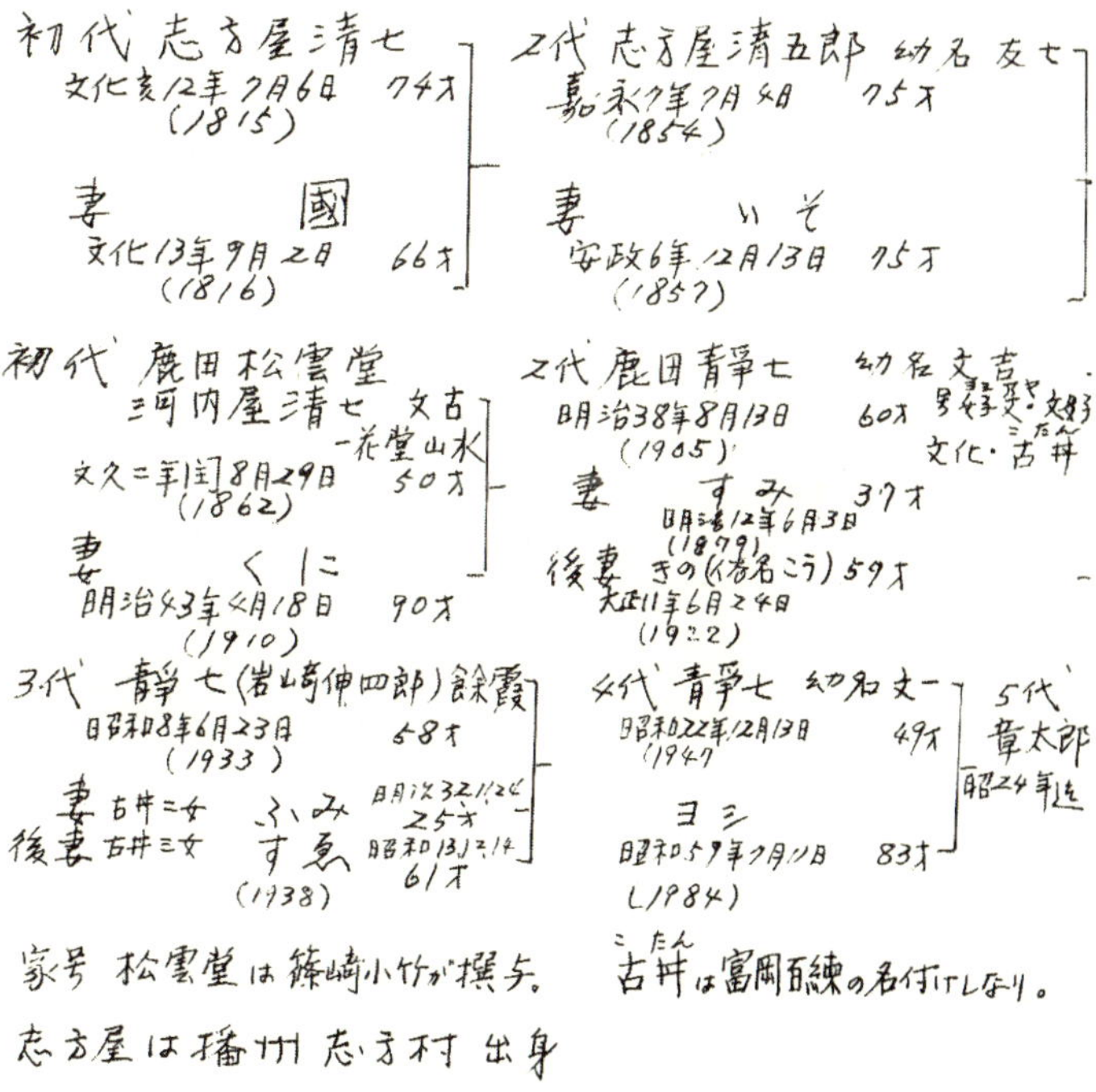

初代 志方屋清七
文化亥12年7月6日 74才
(1815)
妻 國
文化13年9月2日 66才
(1816)
2代 志方屋清五郎 幼名 友七
嘉永7年7月4日 75才
(1854)
妻 いそ
安政6年12月13日 75才
(1857)
初代 鹿田松雲堂
河内屋清七 文吉
一花堂山水
文久二年閏8月29日 50才
(1862)
妻 くに
明治43年4月18日 90才
(1910)
2代 鹿田静七 幼名 文吉
明治38年8月13日 60才
(1905)
文化・古丹《こたん》
妻 すみ 37才
明治12年6月3日
(1879)
後妻 きの(旧名こう) 59才
大正11年6月24日
(1922)
3代 静七(岩崎伸四郎) 餘霞
昭和8年6月23日 58才
(1933)
妻 古丹二女 ふみ
明治32.11.26
25才
後妻 古丹三女 すゑ
昭和13.1.14
61才
(1938)
4代 静七 幼名 文一
昭和22年12月13日 49才
(1947)
ヨシ
昭和59年7月11日 83才
(1984)
5代
章太郎
昭24年逝
家号 松雲堂は篠崎小竹が撰与。
古丹《こたん》は富岡百錬の名付けしなり。
志方屋は播州志方村出身

鹿田松雲堂歴代系図（四元弥寿作成）

一　初代松雲堂　鹿田清七

河内屋清七より改名、文古、一花堂山水《いつかどうさんすい》、四方、志方とも称した

文化九年（一八一二）頃生。

江戸時代、大阪船場で伝統ある本屋の老舗として秋田屋と河内屋の二大系統がありました。その河内屋系の書肆　河内屋新次郎（岡田積小館）に少年時代（文政年間〈一八一八―一八三〇〉）から奉公し修業、天保六年（一八三五）でしたか、七年でしたか（編者注―実際は天保八年）、大塩平八郎（儒者、政治家。号中斎）が義挙の軍資を得るために「洗心洞文庫」の蔵書を売り払ったのは有名ですが、その売立には「河喜」「河紀」「河茂」「河新」の四軒が尽力しました。（口絵1）初代清七は当時二十三、四歳でしたが其の折に立ち会ったそうです。

本家より暖簾分けをしてもらい別家することになったのは、天保十四年卯閏九月十八日、清七三十一歳の時でした。当時、家業を襲《つ》ぐことはその家の宗教も継ぐことになりますので、本来は禅宗であったところへ本家の真宗もお祭りするようになりました。弘化元年（一八四四）大坂北久太郎町四丁目に開業した当初は貸本店を営んでおりまして、（注1）家業に熱心に励《いそし》んでいま

した。弘化二年、かねてからご愛顧いただいていた篠崎小竹先生（儒者一七八一生〜一八五一歿七十一歳）に松雲堂と名付けて頂き、額も書いて頂いて、代々の屋号といたしました。それだけでなく、小竹先生は淡路国（島）への紹介状や添え書きをしてくださいました。当時淡路の洲本には文人墨客が多く、やがては淡路の島一帯の読書家を顧客とさせていただいたのも、全く先生のおかげです。と申しますのも、その時分には淡路島への入国は他国人にはやかましく、森田節斎翁なども「河内屋清七の父節斎」という名義で大坂の蔵屋敷から往来切手を受けられたほどでした。明治に年号が革《あらた》まるとそのようなことはなくなって、自由に出入りができることになりました。清七は古書籍商のかたわら出版にも手を染め、多くの書籍を刊行したりしました。また文人墨客の清遊にも連なって、座敷で演じる滑稽狂言の俄《にわか》（資料2）や狂歌も良くし、一花堂山水と号する風流人でもありました。

なお淡路の国への小竹先生の添え書きは軸として鹿田家で保存しており、一花堂山水作の俄数曲は関西大学図書館に収められています。

文久二年（一八六二）閏八月二十九日五十歳にて歿しました。

初代清七妻くに（俗名クニ、又、栄珠。実家明治、丸尾氏）

文政四年（一八二一）二月二十八日生、明治四十三年（一九一〇）四月十八日九十歳歿。

播磨国網干中ノ島村、父中村嘉兵衛、母みさの三女（姉ふじ、兄栄蔵、弟捨松）として生まれ、五歳の時父が亡くなったので、十一歳で大坂に出てきて親族中村治郎兵衛方に住まうことになりました。

この治郎兵衛という方は角力指金《すもうさしがね》（指金は表立たず蔭で差配する人を言う）といわれていたそうですが、後に鹿田の親族となった孝橋（高橋とも書く）安兵衛の父甚右ェ門と従兄の間柄でした。

くにの兄弟が能役（不詳。納戸役か?）を勤めて居り、その頃大坂は安治川《あじがわ》口を浚《さら》えて天保山の構築砂盛りを行っていた時代（天保二年〈一八三一〉）で、くにの母みさは時々大坂と播州を往復して、娘の様子を見ておりました。

くにが十三歳の折、播州龍野で弓師をしておられた廣山金蔵という方の親族のところで行儀見習いをすることになり、一年して家に帰りました。そのうち浜田藩留守居役の奥村氏から話があり、同家に奉公いたしますが、くにが十六歳のとき奥村氏が転役されたため随行して国元浜田へ移り二十歳まで同国に居りました。奥村（克勤）家の奥様は篠崎小竹先生のご息女で、奥様は温厚篤実なくにの人柄を見込まれて、ご実家の篠崎家で働くことになりました。(資料3)もともと本屋として出入りさせていただいていた清七と結婚話が持ち上がり、弘化二年（一八四五）小竹先生の娘分として、初代清七に嫁して二男三女（文吉・常吉・その・みの・せい）をもうけております。

明治三十七年一月中風にかかって不自由の身となりますが、四代目（文一）まで見届けて明治四十三年に亡くなります。

くには生前、篠崎家に報恩の志篤く、小竹先生が亡くなられた後、竹陰様（安政五年〈一八五八〉八月二十八日歿　五十歳）、大蔵様など代々のご子息が早死され、残された篠崎家の母娘が播州三日月藩でご苦労なさっておられると聞くや、静七と竹陰様のご年忌を口実に、母娘を舟で大坂に連れ帰られて、そのまま鹿田家でお世話しました。篠崎家とのご縁は、平成十年の今にいたって続いております。

くにの長女みのは赤志忠七（忠雅堂書籍）、次女せいは柏原政次郎（書籍商）とそれぞれ家業に縁のある人々に嫁がせました。

明治の戸籍謄本を見ますと弘化二年五月三日大阪府西区橋通り二丁目高橋（孝橋）安兵衛二女入籍とあります。

二

二代松雲堂　鹿田静七

明治六年（一八七三）清七を静七と改名。幼名文吉　好文《よしあや》　俳名文好、義太夫文化、古井《こたん》

二代鹿田清七（後改めて静七）は初代清七の長男として北久太郎町四丁目で弘化三年（一八四六）十月一日に生まれました。十歳くらいから父の家業を扶《たす》け、元旦から荷を担ぎお得意廻りをしたといいます。十二歳の時には、父に従って淡路国（島）にも出かけました。父清七の淡路への往復は十七、八年間も続きましたが、文久二年（一八六二）閏八月二十九日五十歳で清七が亡くなりますと、その時十七歳であった文吉は、一家を背負いつつ古書店を経営するという二つの大任を双肩に担うことになりました。父の死後も淡路へは毎年二回赴き、滞在期間も三十日から四十日に及ぶこともありました。二代目清七が古書店の家業をつつがなく続けることができたのは、自身のこうした熱心さもありますが、その父を庇護してくださった篠崎小竹

二代松雲堂　鹿田静七

先生と母くにの督励があってこそのことでした（注2）。

商用で静七が留守の間、母くには節季に支払いをしなければならない時には、紙袋を沢山作って、それに番号をつけ支払い先の名前を記して、「入金、此の度は何番何様迄で、お宅様は、この次ご覧の通りお払いさしていただきます」と、支払い先に納得してもらったということです。当時の苦しい遣り繰りが偲ばれると共に、誠実な鹿田の商法が自ずと浮かんでまいります。

二代目静七は「本屋として、古本屋としてやってみるべき仕事は、露店以外何でも一通りやってみた（資料8）」と語っております。幕末から明治初年ごろは古書の値打ちも下がり大動乱の世でしたが、その中でも静七は良書を探し出し、また次々と出版も試み（口絵3）、文明開化の魁《さきがけ》として働きました。

篠崎小竹先生が亡くなられて（嘉永四年〈一八五一〉五月八日歿、七十一歳）、その旧蔵書の売立が行われた際は、中斎大塩平八郎の蔵書売立以来の大盛会であったと言います。これは万延元年（一八六〇）申《さる》十一月二十八日のことでした。

また慶応元年（一八六五）丑《うし》十月二十五日、池田の山川氏所蔵にかかる藤原定家卿釈教詩歌色紙を譲り受け、それを天満宮文庫に奉納いたしました。

慶応四年二月東京で発行された「中外新聞」を大阪の川口波止場で受け取り、大阪で赤志忠雅堂と共同で初めて販売したのも静七です。また「中央新聞」も同じようにして販売しました。赤志忠雅堂はその主人を忠七といい、安土町心斎橋筋に店を構えておりまして、静七の妹みの婿で、石田積善館別家でもあります。

慶応四年戊辰閏《うるう》四月十七日、大阪府知事後藤象次郎氏、参事陸奥陽之助氏、関義臣氏、中井弘蔵氏等の勧誘を受けて「内外新聞」を発行いたしました（口絵2）。これは大阪での初めての新聞発行ということです。妹婿の赤志忠七もその刊行、売りさばきに従事しましたが、惜しくも第七号で廃刊となりました。発行所は瓦町八百屋筋西入にある知新館で、建物は儒者藤沢南岳の旧塾としてあったものです。

明治元年（一八六八）には「明治月刊」を発行いたします。これは慶応三年と同じ年何禮之《がれいし》、田中芳男などの諸氏が翻訳したものを記事として掲載したもので、毎月一冊宛刊行されますが、この大阪府蔵板発行人鹿田静七とある「明治月刊」は、日本におけるいわゆる月刊雑誌の草分けとなるものでした。明治三年鹿田静七二十五歳の折、店舗を心斎橋筋安土町南入西側に移転して、古書の他、新刊、教科書等も取り扱うことになります。取次ぎ先は伊予辺りまで及んだそうです。

明治五年五月、時の奈良県知事四條氏の内命を受け、毎月二回半紙仮綴じの雑誌を発刊することになりました。「日新記聞」と題されて、編輯は前田横塘氏が担当し、静七が出版を引き受けました。新聞の原稿が出来上がると家に持ち帰り、板下《はんした》を校合《きょうごう》彫刻の上、仮綴じで製本して、枚岡《ひらおか》（現東大阪市）から生駒山脈を越えるため、闇《くらがり》峠を荷を背負って運んだといいます。一ケ月に二回発行されましたが、草稿から発行にいたるまで一ケ月を要したものでした。

明治五年、静七は初めて、妹婿の赤志と東京に出ております。

この時期は新聞の販売に関係するところが多く、またその売りさばきが大規模でもあるので、朝日新聞社主の村山龍平氏とはかねて親しい間柄であることから、「大阪朝日新聞」を大々的に売りさばきができるよう、その取引の上で種々交渉斡旋《あっせん》いたしました。北尾氏の「大阪毎日新聞」が発行されて後、支配人兼松房治郎氏から書店で販売店を置きたいと依頼され、岡島真七氏が適当と思案して、その手代《てだい》惣助氏と交渉して、大阪北天満橋の灘萬楼で四人立ち合いの上契約したことも記しておきます。

明治十一年に大阪商法会議所（現大阪商工会議所）ができ、書籍商組合代表議員となった静七は、フロックコートをあつらえて書籍商取締として同業者間の利益を増進するよう多年奔走することになります。また、区内淡路町三丁目ほか一七の町の聯合会議員及び東区学務委員として十五年にわたり勤務し、業界の発展に尽くしました。明治二十六年六月の船場小学校設立にも学務委員として関わっております。（資料28）

静七は平常古典をよく嗜《たしな》み、それらを愛する事、天性のごとくでしたが、商用で東京、四国、九州を往来する折から、閑を見ては、上州の足利学校、尾張の真福寺、其の他各地の巨刹《きょさつ》の文庫、名家の蔵にある諸本を閲覧して見聞を広めることを怠らずにいました。

明治二十三年五月五日に「書籍月報」（一八頁）を刊行します。（資料4）此れは大阪における古書販売目録の最初のものであり、以来昭和十八年（一九四三）十月号まで、五十余年間に「古典」その他の雑誌も含めて、二一一冊を発刊し続けました。（注3）この月報は以来毎月連続して刊行、全国に頒布して広域的な営業を行うにいたります。月報は年を追う毎に著しい進歩をし続け、書物愛好家必読のカタログとなりました。

明治二十六年安土町四丁目に移宅、出版事業は悉《ことごと》く店員の何人かに委託し、自身は全力を古典籍の蒐集と販売に傾けるようになりました。

明治三十年四月、また明治三十二年十一月にもわが国最初の史料展覧会、古書展を開いております。

明治三十四年五月から明治四十二年三月まで幸田成友《しげとも》氏（史学者、露伴の弟）が大阪史市編纂のため来阪され、幸田氏が在阪の間（幸田氏二十九～三十七歳）その資料集めに協力して尽力いたしました（このことは三代目にも引き継がれることになります）。

明治三十六年十二月、大阪中之島図書館竣工（三十七年）にあたり、その記念として南北朝時代の正平十九年（一三六四）に堺で出版された「正平版論語集解」を寄付しております。

明治三十六年及び三十七年、古書の重要性を広く啓蒙するため、「大阪史談会」（資料6）「保古会《ほうぐかい》」を創立、古書、古器物の文物交流と合わせた鑑賞会を催すことになりました（注4）。

また静七は大阪先覚者の顕彰にも大いに尽力し、大塩平八郎、尾崎雅嘉（国学者）、萩原広道（国学者）、木村蒹葭堂《けんかどう》（文人、書画骨董の収集でも著名）、山川正宣（国学者）等諸名家の建碑を主唱しております。そして何度も図書展覧会を催して、埋没している古典の真価を発揚するのに務めました。そのため鹿田松雲堂の二階は顧客の文化人サロンの観を呈しました。

内藤湖南（史学者、京都大学教授）、富岡鉄斎（文人画家、儒者）、内田魯庵（翻訳家、評論家）、平瀬露香（銀行家）、徳富蘇峰（ジャーナリスト、歴史家）、長尾雨山（漢学者、書家）、浜和助《わすけ》（蒐書家）、水落露石（子規派の俳人）、水谷不倒（国学者、小説家）、永田有翠（好三郎、鴻池別家の経済人、蒐書家）、渡辺霞亭（小説家、新聞記者、演劇評論家）、藤沢南岳（儒者）、幸田成友、澄川拙三（法曹家）といった方々（いずれも敬称略）が集われ、内藤先生は朝は常に遅く起床されるのに、古典目録を受けとられる時となると殊にお早くなる。それぞれ目録を片手に、各一冊しかない古本であるから、駆けつけて来られます。澄川氏などは朝夕に店にお寄りになり、そのため其の蔵書はとりわけ珍籍が多く有ったと聞きます。

また商工会議所要員としてなんども祭典に従事いたしました。

伊藤博文公が大使として朝鮮事件で支那と談判して帰朝された折、大阪泉布観《せんぷかん》にて饗応いたしたこともあります。

また黒田清隆大使と西郷従道副使も朝鮮事件の帰途、泉布観にて饗応いたしました。

明治天皇・皇后両陛下行幸につき偕行社《かいこうしゃ》が行在所《あんざいしょ》に定められて、同楼上に古器物陳列、能楽、天覧の栄に浴したこともあります。その際、茨木操練をご天覧、高槻停車場にては小川の鞠乗りをご天覧いただいたということです。

同年に大阪商工会議所の設立に力を揮った五代友厚氏が亡くなられ、盛大な神祭で葬儀されました。

明治二十三年は憲法発布式があり、中之島自由亭にて盛大に宴会を催したことがありました。以上の五例については文字通り「於当地前後未曾有の盛況なり」という記録が残っている事でも窺われます。

二代静七の人となりについて、長くご親交いただいた幸田成友先生は次のように書いておられます。

「誠実義俠、酬恩報徳の挙、扶弱輔幼の実、枚挙するに遑あらず。交遊極めて広く、一たび翁を知る者は、皆翁を愛し、翁を重んず、」（「書籍月報」第六九号、明治三十八年十一月）

「翁は痩形で丈高く、血色は宜しい方でなく、面には薄く疱瘡の痕がある。斑白の頭髪を短く苅り、黒の角帯に前垂がけて、腰間には蝦蟇口と眼鏡の鞘とを丁度筒刺の煙草入のやうに作つたものをさし、必要の場合にはそれから二つ折の洋銀縁の眼鏡を取出してかける。歯が悪かつた為か、時々息を吸ふやうな癖がある。少し嗄れ声ではあるが、声量は豊富で、談話の初にエーと低く言い、それから滔々と弁ずる。筆跡は達者すぎて手紙などは可成読悪くかつた。」（「古典聚目」第百号、大正十四年十月より）

松雲堂二代鹿田静七は　明治三十八年八月十三日六十歳にて歿しました。その辞世の句は

合点して　嵐待つ間の　さくら哉

五月雨や　さてもきまつて　降るものを

とあります。

富岡鉄斎翁は静七の七回忌にあたって、

ちりしその　桜も今は　七めぐり　袖にあまるは　涙なりけり

と詠んで下さいました。

二代静七妻すみ

播磨の国三日月藩　駅逓局出任の吉田省三の姉、孝橋安兵衛妻ゑんの姪で、明治六年（一八七三）九月孝橋氏の姓を以って嫁しております。みつ、ふみ、すゑの三女を儲けました。明治十二年（一八七九）六月三日三十七歳にて歿しました。

二代静七後妻きの　俗名こう

大阪府難波村北村伊兵衛長女として元治元年（一八六四）九月十日に生まれ、静七とは従妹にあたります。孝橋氏養女として後妻に入りました。四女一男を儲けますが、六女千枝、七女常の他早世しております。大正十年（一九二一）六月二十四日五十九歳にて亡くなりました。

二代静七の二女ふみ

明治八年十二月二十七日に生まれ、明治三十年四月十六日、三代静七と結婚、文一を生みますが、三ケ月後、産後の肥だち悪く、明治三十二年十一月二十四日二十五歳で亡くなりました。

二代静七の三女すゑ

明治十二年十月二十六日生まれで、姉ふみの亡くなった後、三代静七の後妻となり明治三十四年六月五日結婚、三男三女（百合・武二・しづ・孝三・せつ・敬四郎）を儲けますが、昭和十三年十二月十四日六十一歳で亡くなりました。

三

三代松雲堂　鹿田静七

幼名伸四郎　号餘霞《よか》

三代松雲堂　鹿田静七

三代鹿田静七は明治九年（一八七六）十一月十二日、葛野《かどの》郡小北山村で生まれました。父は御所西側の上京区中立売室町東入るに住まう岩崎(注4)氏孝《うじあや》（天保五年〈一八三四〉九月六日生まれ。明治二十一年六月二十三日歿）で公卿紀氏の十三代目にあたり、母羔《こう》（弘化四年〈一八四七〉八月十日生）との間にできた五男二女の第四男でした。母羔は若い時分から仙洞御所にあがった、すぐれた英知を持つ偉い方であったと言います。羔の父は上田元冲《げんちゅう》（一八一五―一八七五　字は大《たい》瀛《えい》）と言う医師で、生々生と号し、楢林宗伝の第二子として生まれましたが、幼い時に父母を亡くし、大儒伊藤仁斎の嫡子東涯の三男であり、外祖父でもある伊藤東所の下で養育を受け儒学を学びました。のち上田家の女婿となり、その家業を継いで聖護院の侍医となった人です。弘化三年（一八四六）法橋、安政五年（一八五八）法眼の称号までいただきました。多くの弟子が従い、佐賀藩主鍋島閑叟《かんそう》（直正）も信頼を寄せた名医であったといいます。

そのお墓は光悦寺（北区）にあり、岩﨑家の羔の墓は金閣寺にありますから、峰つづきになるわけです。

明治三十八年から三十九年、静七の長兄である氏言《うじこと》一家が西洞院通り下立売下るに移ります。此の地は上田元冲の西椹塾で、近くに堀川の古義堂もあり、平成の今も其のまま残っています。羔は父上の居られた同じ所で大正四年（一九一五）九月十六日死去しています。

明治二十四年に伸四郎（後の三代目静七）は十六歳で鹿田松雲堂に入店しました。京都は当時も大阪より立派な書籍商が多くありましたが、そこには入らず、紹介する方が有って大阪の鹿田松雲堂に入ることになりました。伸四郎は本が好きで、書店に入ればどのような本でも手に取って読めると思い、強い向学心をもって書籍商を目指したということです。

明治三十年四月、伸四郎の律儀さ、知性の豊かさに加えて外祖父や母から伝えられたものが有ったと見えて、店主の二代静七に望まれて養子縁組をし、二女ふみと結婚することになります。

明治39年清国で写す
左 三代静七　右 友人中川氏

明治三十二年八月長男文一が生まれますが、三ケ月後に妻ふみが亡くなり、二年後の明治三十四年五月、二代静七の三女、すゑが他家に養女として出ていたのを呼び戻して結婚します。

明治三十八年四月に二男武二が生まれますが、その年の八月二代静七（古丼）が亡くなり、その年の九月仲四郎は鹿田静七を襲名しました。仲四郎三十歳のことです。

明治三十九年九月、初めて清国に渡り（口絵4）多くの唐本を購入します。その際大き目の袋を布で沢山作り、それに現金を入れて身に付けていったそうです。彼の国では現金でないと信用なく商売ができないからでした。折から滞在中に暴動に会い、宿の屋根裏にひそんで命拾いをしました。見つかれば何もかも、命までも奪われる惨い事件であったということです。

明治四十二年四月十五日、明治二十三年に始めた「書籍月報」七四号目を「古典聚目《しゅうもく》」（一五六頁）と改題（資料10）いたします。

仲四郎は二代静七の意志をよく継承し、古典籍の販売に「古典聚目」の出版にも努力し、大正十四年（一九二五）十一月に百号（一五〇頁）を出し（資料11）、内藤（湖南）・大槻（如電《じょでん》）・磯野（秋渚）・幸田（成友）・今井（貫一、大阪府立図書館長）・亀田（次郎、国語学者、大阪外国語学校教授）の諸先生に記念の文章を書いていただきました。鉄斎翁が画く二代古丼の絵姿もそこには印刷されております。

大正十三年大阪古書籍組合が設立され三代目静七は初代の組合長に就任しました。その頃充実し始めた東京大学、京都大学をはじめとする各帝国大学図書館や各地の文庫に古典籍を納入しました。

三代静七の膝にいつも弥寿は居た
（松茸山にて　大正13年）

当時の顧客としては、

木崎好尚（近世文学研究家、金石学者）、水落露石、永田好三郎（号有翠）、砂原馨石（名万次郎、質商）、打越竹三郎（号晴亭、質商）、小山田松翠（朝日新聞記者）、中井浩水（新聞記者）、渡辺霞亭、高安六郎（号月郊、詩人、劇作家）、幸田成友、幸田露伴（小説家）、和久正辰（理学者）、加賀豊三郎（実業家）、水谷弓彦（号不倒）、水木要太郎

安土町本店の玄関

（奈良女子高等師範学校教授、史学者）、土屋元作（新聞記者）、宮武外骨（ジャーナリスト）、村山龍平（朝日新聞社主）、上野理一（朝日新聞創業者）、西村天囚（漢学者、新聞記者）、鳥居素川（ジャーナリスト）、吉野作造（社会学者、東京大学教授）、夏目漱石（英文学者、小説家）、磯野秋渚（漢詩人）、岡野養一郎（不詳）、花田大五郎（新聞記者、教育家）、本山彦一（毎日新聞社長）、石割松太郎（文楽研究家、演劇評論家）、薄田淳介（号泣菫《きゅうきん》、詩人、ジャーナリスト）、高木利太（新聞記者）、湯川寛一（『大阪人物辞典』（清文堂）によれば湯川寛吉、住友銀行取締役会長とある）、小倉正恒（住友総理事、大蔵大臣）、川田順（住友理事、歌人）、湯浅半月（詩人）、森鷗外（軍医総監、文筆家）、副官の島田乾三郎、内田魯庵、犬養毅（政治家、文人）、大槻如電（文人）、大槻文彦（如電の弟。国語学者）、牧野富太郎（植物学者）、小川簡斎（為次郎、漢学者）、池田亀鑑《きかん》（国文学者）、和田維四郎（鉱物学者、書誌学者）（明治四十四年より大正十五年〜昭和三年）

といった名前が挙げられます（昭和六十二年十一月号「日本古書通信」に寄せた別家沖森直三郎氏の口述による）。

昭和五年四月十三日、病気療養のため帝塚山宅に移り、店の実務は長男文一が専一に行うことになります。

昭和六年十一月二日、療養先から本宅（安土町店）にもどり、昭和八年六月二十三日、帝塚山宅にて五十八歳で亡くなりました。

四

四代松雲堂　鹿田静七

幼名文一、文一郎とも書く

明治三十二年（一八九九）八月二十一日生まれ、後四代鹿田静七。

文一は生まれて三ケ月後に母を亡くしたため、乳母によって養われ、当時としては珍しく、幼稚園で三年保育を受けています。祖父母、大祖母も存命中で、そうした家族皆の慈愛を受けて、いずれは古書籍商の後継としての教育をその間に受けたと思われます。

文一の少年時代は漢文、算盤を習い、大阪貿易学校に入学して英語やフランス語を学び、十九歳の四月「私にも支那語が必要となってきた」と貿易語学校の支那語専修科に通学しています。土佐堀の青年会英語本科一年にも入学。「そして私としては文芸の研究を続ける」とその手記に書いています。

文一は京都大学の選科に入って学びたい気持ちがありましたが、編入試験の理数科目が足りずに、その望みは達せられませんでした。その願書が文一の手記の間に残っており、どれほど残念な気持ちだったかが察せられます。

大正九年（一九二〇）十月十三日より一ケ月ほど東京に滞在します。その期間安土町では「軒切り」が行われ、ついでに店の地下室を造るため土掘りをしており、商売が出来なかったためと思われます。

大正九年三月一日、富岡鉄斎翁宅を訪います。初めてのときは父と一緒だったのですが、今回は一人での訪問でした。翁はいろいろと親しく話をされ、当時パリに行っておられた西園寺公望公からの翁への便りを文一に見せ、自分の手帳に貼り付けられました。

「わしは、お前とこより他へは手紙は一通も出さない、この間も、警察から、自分の手紙について呼び出してきて迷惑をした」と話され、帰りしなに玄関で五円を包んで貰ったそうです。多分電車賃のおつもりと思うとその手記に語っています。

昭和になってから洋書も取り扱うようになります。それは昭和二年（一九二七）九月のことで、「古典聚目」一〇四号より洋書も扱い、編輯は文一が担当しました。

昭和二年十二月「古典聚目」一〇五号より文一に沖森直三郎氏が協力することになります。

同年六月蔵書家で有名な渡辺霞亭文庫の売立大入札会の折のことです。すでに手が不自由であった三代静七が文一と上座に並び、列座の中を一まわりした入札品が、最後に中座の前に据えられると静七は小声で値段を（多分符牒で）そっと囁く。それを文一がすらすらと、お椀の中側に数字を書き入れてポンと中央へ投げる。その動作が、ごく滑らかで、自然に幾度も繰り返されましたので、一同が「仲の良い親子だな」という印象を受けたということです（東京弘文荘　反町茂雄氏「思い出の文一郎さん」(資料21)参考）。

昭和２年頃　安土町本店にて（「大阪人」2005年11月号より転載）

昭和３年10月17日

昭和三年からは三代静七に代わって文一が店を取りしきる事になり、白木屋で「第一回古本市」を催し、年二回から三回古本市を催したりしました。

反町さんの「思い出の文一郎さん」にあるように、昭和五年末、東京の反町氏と共同で新潟県の桂家の万巻楼の厖大な古書の売立を大阪で開催したこともありました。

当時の古書即売会か下見会の風景

三都連合古書即売会

松雲堂に対する旧来からの信用は堅く、また広く、毎年の様に大きな一口物（蔵一つ、大物）の札元をして業界を賑わわせていたといいます。

昭和八年六月二十三日、かねて帝塚山に隠居していた三代静七が歿し、その七月十五日に文一は四代静七を襲名しました（資料17）。

昭和八年十二月十二日、鹿田松雲堂創業九十年記念会を平和楼で催します。以下がその出品目録です。

一、別家一件覚　附別家証文一通　天保十四閏卯九月十八日記録（初代清七自写）　一冊

一、初代清七淡路へ初下りの節篠崎小竹先生の添書　附淡路国全図　一幅

一、二代静七古丼翁画像（富岡鉄斎翁筆）　一幅

一、二代静七思ゐ《ママ》出の記　二代静七古丼病中遺筆（明治三十八年春自記）　一冊

一、三代静七明治卅九年九月初めて渡清之節携帯せし記念の書状

附　内藤湖南先生戯画並書状　一幅

一、書籍月報　後ニ改題古典聚目

（明治廿三年五月五日初号発行ヨリ昭和八年十一月第百廿号発行迄）通巻百六十六冊　合本　六帙

一、鹿田松雲堂広告引札張交　　一帖
一、鹿田松雲堂蔵版発兌略書目（明治十九年刊）　　洋一冊
一、創業以来の主なる出版書　　二十一点　展示

以後の文一の活躍は反町さんの回想で次のように詳しく描かれています。

昭和九年六月、紀州徳川家の蔵書売立会がありました。此の時、文一は目ざましい活躍を見せ、紀州六〇万石の蔵書のごく一部ではありますが、それでも総点数一五〇〜一六〇点にのぼり、なおまた名品が多く、とりわけ紀州関係の名家の自筆稿本類や、本草書の良いものが数多くありました。出来高は一万三千余円に達し、鹿田は其の約七〇%を落として、買高は九千円を超えました。この独り勝ちの見事さは前後に例のないことと評判になりました。

富岡家と鹿田松雲堂とは古くから代々がご愛顧頂き親しくご交誼いただいており、鉄斎先生のご令息謙蔵先生は『古鏡の研究』等の著書のある京都大学の教授で、惜しくも早く亡くなられましたが、先生もまた本の好きな方で上顧客であられたようです。

昭和十三年そうした御縁で富岡鉄斎旧蔵書の売立を富岡家が四代静七に一任されましたが、（口絵5）何しろ質量ともに未曾有の大口で、全権を託された文一も慎重を期して、京都の佐々木竹苞

楼・細川開益堂・東京では村口・文求堂・浅倉屋・一誠堂・反町の五店に共同の札元を依頼することになりました。当時としては東京、京都、大阪三都の一流古典籍商の全てを網羅した堂々たる顔ぶれは、前例のない偉容と、これも評判となりました。下見展は三都で開催、これも前代未聞。大阪では住吉公園内の新明月の二階百畳敷の大広間で二日間、(資料22)出品は国宝の「唐鈔杠勃集」以下、和漢洋の古写、古版、名家自筆の名品、稀購本を網羅し、下見分だけで約六五十口。入札も同所で二日間、終始白熱の緊張裡に総出来高は八万五千円を超え、一口一万円を超えると、大入札と呼ばれる時代で、全く業界始まって以来の巨額となりました。

昭和十四年三月にはその第二回がほぼ同じ方式で開催され、(口絵6)この時も国宝「毛詩正義」以下、出品は千点を超え、出来高は七万三千余円に達しました。総計一五万八千円。全く空前の出来高で、昭和五十四年の今日まで空前絶後の内容のものでした。前後を通じて企画及び準備・後始末等の事務の全てを独力で他の札元の手を煩わすことなく、四代静七が処理、実行しましたが、これだけの大売立の企画力、実践力には誰しも感心したと申します。とりわけ寄託者である富岡家に対して、誠実且つ献身的な努力を惜しまず尽くしたとのことで、四代静七の心意気をよく表しています。

昭和十四年、大阪の儒学者伊藤介夫翁の有不為斎文庫の大口売立を主催しております。

住吉神社の大阪住吉文庫、大阪天満宮の天満文庫へは松雲堂が幕末から昭和まで初代から三代の当主が奉納、献本をさせていただいております(資料18)が、四代静七もまた毎月住吉、天満両文庫の書籍の保存と保管を積極的に進めておりました。

昭和十八年五月二十三日、大阪史談会主催になる鹿田文庫の考古資料百種展が行われております。この戦争たけなわの困難な時期ですが、続いて昭和十八年八月に行われた鹿田文庫の公開に際しては、「蒹葭堂日記」をはじめ、郷土の文人遺墨・著述等が多く展観されました(資料26)。以て静七の志を窺うことができましょう。

松雲堂の店舗は明治三年から安土町で営業していましたが(約七〇年)、昭和十年に次弟の武二が南区順慶町三―三―三心斎橋筋に支店を設けることになりました(武二は昭和三十一年四月歿、享年五十一)。けれども間もなく武二は出征したので、両店とも静七が経営するところとなりました。昭和十三年帝塚山の広い(一五〇坪くらい)松林の中に間口四間奥十間くらいの書庫を建てました。入り口は三ケ所あり、入ったところに六畳の和室を置き、書物はおのおの種類別に札を立て置いて、どなたが来られても閲覧できるようにしてありました。(資料23)
その書庫のすぐ前に東屋《あずまや》を置き、理想通りの書庫が出来たということで、本店を帝塚山に移したのです。当時、日本橋の松坂屋には常設の古書売り場があり、少し遅れて大丸にも常設と

昭和12年　心斎橋店の前にて鹿田武二出征写真

昭和18年　鹿田松雲堂百年記念

いうことになりました。若い店員が一人ずつ出征していく最中でしたから、その経営の苦労は並み大抵のことではなかったと思います。

昭和二十年三月十三日大阪市内が大空襲となり、その時は難波高島屋で古書市を開催していて、本を沢山出している最中のことでしたが、市内のどの店も全部灰燼と化してしまいました。

昭和12年３月　松坂屋出張所

順慶町の店など倉も家族も失ったので、静七の落胆は非常なものがありました。戦争はますます激しく用紙が入手できないため、目録も発行出来ず、そのうえ昭和二十年七月に帝塚山の倉庫も住居も疎開することとなり、その心労がはなはだしく、ついに病にかかって終戦前後の最悪の世情騒然とした中で四代静七は亡くなりました。（倉庫は縮小の上、再利用され現在万代池の畔に帝塚山会館として残っております。）

四代静七はその祖父古丼（二代）を知る人から良く似ているといわれました。背が高く痩形で姿勢が良い。家庭でも正座を崩したことはありません。口数は少なく、簡にして要を得たもの言いでした。子供に注意する事はあっても叱った事はありません。結婚してからも夜学に通う勤勉家、そうかと思うとヴァイオリンも少々、洋画も少々習い、映画（洋画）、演劇も好きで、必ず妻か子供を連れて行く。習字は習った事は無いといいますが、古書籍の表に、本の題名や価を書く、その札書というか、値を付ける字が、すらすらと、まことに本に似つかわしい文字を書く。これは只上手に書くだけでも駄目だそうで、良本にはそれぞれ備わった品格が有る。だからそれに合わせるのが良い書き方だと教わりました。

静七の従兄にあたる京都大学教授岩﨑振一郎氏は、先代静七（伸四郎）の不覚は、唯一、静七さんを学者に成らせなかった事だと言っています。その様にも思えますけれども、古書籍を扱う仕事は唯買って売るだけのものではなく、広い範囲にわたって深い造詣や教養を必要とするものですから、これで良かったと思うのです。まことに父は温厚篤実の人でありました。

四代静七の妻ヨシは明治三十五年十月二十日生まれで、静七との間に二男三女（やす・章太郎・すず・かず・英雄）をもうけています。山口市出身の父篠原卯之介は封筒印刷物加工をしており、その妻は下関市出身でイチといい、夫婦は大阪市東区博労町一丁目に住んでいました。ヨシはその長女として生まれております。文一とのお見合いの席でヨシの母は、鹿田の家族や使用人の多いのを案じて、「宅の娘は身体が弱くて、とてもお宅様でお仕え出来かねますので……」と申したそうですが、鹿田の文一の母が「身体の弱いのは家風に合っているので、是非に」と懇望されたという一つ話が伝わっております。そのヨシは静七亡き後、五人の子供をそれぞれ教育し成人させて、昭和五十九年七月十一日、八十三歳の長寿を保って亡くなりました。

五

五代松雲堂 鹿田静七

章太郎

五代目鹿田静七は大正十五年（一九二六）十月十三日に生まれています。

昭和十九年（一九四四）九月十日、家業半ばで予科練習兵として召集され、終戦後は専ら父に従い家業を見習って勉強しておりました。戦時中はご承知の通り、次々と耐えねばならぬ出来事ばかりでした。四代静七にとって、長男章太郎の復員は当時唯一の喜びだったと思います。

五代松雲堂　鹿田静七

しかしその当時の数年間は、古書籍を求める余裕などない、すさんだ世情でした。元倉庫にあった蔵本もばらばらになり、冊数が揃っていないものも多く、保存場所の関係で本も傷み、其の分、折角戦災を免れて残りはしたものの、商品としての価値も下がってくることになります。そんな訳で五代静七の襲名通知（資料29）も出して二年の後に、心ならずも休業しなければならぬ事態

昭和19年9月10日
章太郎入隊に際して

弥寿

に立ち至りました。其の後も何度か、古書籍商へ復帰したい心組みでいるのを打ち明けられましたが、当時のことと て、遂にその願いは果たせませんでした。

章太郎が朝日新聞社に入社した後、妹すずが同じ帝塚山中一丁目一一〇番地で新刊本、雑誌と文具の店を商いはじめましたが、書肆の老舗としての松雲堂の名は重く、このくらいの商いではその屋号は使えない、と家族で相談の上、別名にせざるをえませんでした。（結局十年ばかりの間松雲

平成17年　中之島図書館100周年　中尾堅一郎氏講演会場にて

堂の名が冠せられていたことになります。）

こうして章太郎の松雲堂復興の望みも実現しえず、現在に至ったことは、誠にご先代の方々に申し訳なく、残念の極みです。ただせめてそれらの方々のご業績やお人柄を、後代の方々に偲んでいただくことができれば、と拙い文を綴りました。頼りにする資料も乏しく、早く書きあげねばと思いながら、十分な記録とならず、これもまた誠に遺憾に思っております。

注

（1）天保十四年当初貸本屋、弘化元年古書店開業という説もある。資料8『思ゐ出の記』では、「弘化二年於同町貸本を営業とす」とある。

（2）「清七氏は丸尾氏を娶つて一男二女挙げた。一男は即ち初代静七氏で、彼は十歳頃より家業を助けて貸本の配達に従ひ、「殊更《ことさら》正月は元日より廻り、二日朝は評判記芝居本の配達」に忙しかつたといふ。然るに静七氏が開業二十年そこそこで病歿したため、跡に残つた丸尾氏は一方には身を労して家事を節し、二幼女を愛撫すると共に、他方にはまだ弱冠に満たぬ嗣子静七氏を督励して本業に専心せしめ、一年二回、一回凡そ三四十日を要する淡路の得意廻なさしむる等、その苦心尋常ならざるものがあつた、と初代の直話に聞てゐる。自分が大阪に赴任したは明治三十四年で、爾来《じらい》足繁く安土町の鹿田家を見舞ひ、尼さんのやうに綺麗に頭を剃つた丸尾氏と半白の初代静七氏とが対座閑話してゐる光景を幾度となく望見し、老母堂往昔の苦心の報はれたを私《ひそ》かに祝福したものである。」
（『幸田成友著作集第七巻』「初代鹿田静七氏と書籍月報」二三三頁、中央公論社）
この初代静七は二代静七（古丼）のこと。

（3）中尾堅一郎「大阪古典書肆・鹿田松雲堂」（『文学』昭和五十六年十二月号）による。ただし「古典聚目」昭和十七年十月号、「古典」昭和十八年十一月号が最終号という説もあるが、現物は編者は確認できていない。

（4）中尾堅一郎「大阪古典書肆・鹿田松雲堂」によれば、大阪史談会の創立は明治三十六年のこと（資料6「大阪史談会の創立」参照）。

（5）岩崎家々譜には「崎」になっているが、四元弥寿は「家伝は岩嵜」と鉛筆で原稿に書き添えている。

鹿田松雲堂代々年表

（「鹿田松雲堂　五代のあゆみ」を元に作成）

文化九年頃	一八一二	**初代鹿田清七生**。
天保八年	一八三七	大塩平八郎の「洗心洞文庫」の蔵書売り払いに立ち会う。
天保十四年	一八四三	閏九月十八日、本家より暖簾分けし別家創業。
弘化元年	一八四四	北久太郎町四丁目にて開業。
弘化二年	一八四五	篠崎小竹より「松雲堂」の額字を賜る。
弘化三年	一八四六	十月一日、**二代目鹿田清七（のち静七。幼名文吉、号古井）生**。
万延元年	一八六〇	十一月二十八日、篠崎小竹旧蔵書の売立が行われる。
文久二年	一八六二	閏八月二十九日、**初代鹿田清七歿**。
慶応四年	一八六八	閏四月十七日、大阪初の新聞「内外新聞」を発行。
明治元年	一八六八	日本における初の月刊雑誌「明治月刊」を発行。
明治三年	一八七〇	心斎橋筋安土町四丁目一一五番邸に転居。
明治五年	一八七二	奈良県知事の内命を受け「日新記聞」（月二回）を発行。
明治六年	一八七三	清七を静七と改名。
明治九年	一八七六	十一月十二日、**三代目静七（伸四郎、号餘霞）生**。
明治十一年	一八七八	大阪商法会議所（現大阪商工会議所）が発足し、書籍商組合代表議員となる。
明治二十三年	一八九〇	五月五日、「書籍月報」創刊。
明治二十六年	一八九三	安土町四丁目一三七番邸に転居。

明治三十年	一八九七	四月、史料展覧会を開催。
明治三十二年	一八九九	十一月、初の古書展を開催。
明治三十二年	一八九九	八月二十一日、**四代目静七（文一）生**。
明治三十四年	一九〇一	十月十二日、大阪史談会発会。大阪市史編纂主任幸田成友とともに幹事を務める。
明治三十六年	一九〇三	十二月、大阪中之島図書館竣工（三十七年）を記念して「正平版論語集解」を寄付。
明治三十八年	一九〇五	八月十三日、**二代目静七歿**。
明治三十九年	一九〇六	九月、三代目、初めて清国にわたり、唐本を購入。
明治四十二年	一九〇九	四月十五日、「書籍月報」第七四号を「古典聚目」と改題。
大正十一年	一九二二	九月、「洋装本目録」第一号を発行（一一号まで）。
大正十三年	一九二四	大阪古書籍組合が設立され、初代の組合長に就任。
大正十四年	一九二五	十一月「古典聚目」第百号を刊行。
大正十五年	一九二六	**五代目静七（章太郎）生**。
昭和二年	一九二七	「古典聚目」第一〇四号刊行。洋書も入れ、文一が編集。
昭和三年	一九二八	二月、文一編集で「古典」刊行。文一が店を仕切り、白木屋で第一回古本市を開催。
昭和五年	一九三〇	四月、三代目が病気療養。文一実務。年末、反町茂雄と新潟桂家万巻楼古書売立。
昭和八年	一九三三	六月二十三日、**三代目静七歿**。十二月十二日、鹿田松雲堂創業九〇年記念会

		を開催。
昭和 九 年	一九三四	六月、紀州徳川家蔵書売立会を開催。
昭和 十 年	一九三五	三月、四代目静七の弟武二 南区順慶町通三丁目に支店を開く。
昭和十一年	一九三六	正月、本店を南支店（心斎橋店）に合併する。
昭和十二年	一九三七	十二月二十二日、武二軍務公用として応召され、洋本部は休止する。
昭和十三年	一九三八	富岡鉄斎旧蔵書売立。
昭和十四年	一九三九	三月、富岡鉄斎旧蔵書売立（第二回）、有不為斎文庫売立。
昭和十六年	一九四一	武二無事帰還。心斎橋店にて営業。八月、住吉区帝塚山中三丁目に帝塚山店を開店。
昭和十七年	一九四二	十月八日、「古典聚目」第一五四号（最終号）に、帝塚山鹿田文庫開設予告。
昭和十八年	一九四三	鹿田松雲堂百年記念「鹿田文庫」の考古資料百種展開催。
昭和十八年	一九四三	十一月、この頃武二再度応召。
昭和二十年	一九四五	三月十三日、心斎橋店、大阪大空襲により焼失。七月末、帝塚山学院近隣強制家屋疎開により帝塚山東一丁目に転居。
昭和二十一年	一九四六	八月三日、帝塚山中一丁目一一〇番地に転居。
昭和二十二年	一九四七	十二月十三日、**四代目静七歿**。
昭和二十四年	一九四九	九月閉店。
平成 四 年	一九九二	五月二十日、**五代目静七歿**。

（飯倉洋一）

資料編

凡　例

資料の収録にあたり、概ね以下の方針を原則とした。

1　仮名遣いは原文のままとし、漢字については通行の字体とした。
2　ヿ（コト）、ᛊ（ドモ）、ゞ（シテ）などの合字はこれを開いた。
3　原則原文の通りとしたが、文意を考え、明らかな誤字・脱字・衍字はこれを訂した。
4　ルビ及び傍点はこれを省いた。
5　資料に収録されている図版・写真はそのまま収録したが、一部、収録位置を改めたものもある。
　また資料に収録されていないものについては、それを「（追補）」として、当該箇所に示した。
6　資料により、別途凡例を掲げて当該箇所にそれを記した。

なお各資料の「解題」は山本和明が担当した。「翻刻」等の担当は、次の通りである。

資料1、8、14、16、22（翻刻）　山本　和明
資料1（訓読・語釈）　合山林太郎
資料2（翻刻・解説）　浜田　泰彦
資料9（翻刻）　飯倉　洋一
右記以外の翻刻　山本はるみ

初代松雲堂　鹿田清七

資料1　岡千仭「松雲堂記」

「松雲堂ハ弘化二年、篠崎小竹先生額字賜所」と古井遺稿『思ゐ出の記』にあるように「松雲堂」の名は篠崎小竹より戴いた堂号であった。その由来するところを問う当主に対し、明治二十六年（一八九三）来阪中の岡千仭が推説したもの。岡千仭（天保四年〈一八三三〉～大正三年〈一九一四〉）は、幕末・明治期の漢学者。号は鹿門、通称は啓輔、維新後に千仭と改む。仙台の藩校養賢堂に学び、のち江戸の昌平黌で佐藤一斎、安積艮斎などに師事する。大坂で双松岡塾を開くなどし、明治期には、東京府書籍館幹事などの官職を経て、当時、芝愛宕下に漢学塾綏猷堂を開いていた。千仭によれば堂号は李白「贈孟浩然」中の詩句に由来するとのこと。

松雲堂記

浪華心斎橋、為書肆所萃。往年余寓浪華、識河内屋新次郎為豪肆、以河新行於世。河新支店鹿田氏、以松雲堂行、当時猶未盛。癸巳夏游浪華、河新衰而鹿田氏方興。余以識河新之故、与今鹿田氏一見如旧。維新以来、漢学掃地。書肆競販洋書若新刊書、謀射奇利。独鹿田氏有所見、分為両肆、一販洋書若新刊書、一販和漢古書如故。人多笑其拙於射利。而未十数年、四方有求於和漢古書者、皆就鹿田氏而購之。其業日興、松雲堂之名行乎四方。一日来謁曰、先人開肆為弘化年間之事。小竹篠崎先生命曰松雲堂、今不復知松雲取於何義。敢請先生為之説。余曰、紅顔棄軒冕、白首臥松雲、非李白贈孟浩然之句乎。白観新進後輩尽心力謀栄達、而未霑禄利、并其所資而失之、有所感於浩然高節、故曰、紅顔棄軒冕。今書肆競販洋書若新刊書、謀射奇利、而失敗者、前後接踵。此亦何異新進後輩尽心力謀営達、而未霑禄利、并其所資而失之乎。而子有所見於此、販和漢故書如故、為世人所嘲咲不少、自疑此亦白首臥松雲者。而不十数年、四方有求於和漢古書者、皆就子肆。而購之松雲堂之名、喧伝于四方、其業日興。此亦殆歳寒而後知松柏之後凋者矣。夫良賈深蔵若虚、固非滔々輩所能与知也。夫小竹先生命松雲、必有別所取也。而今不可復知。唯子当凡百競新之時、能為人之所不為、真有識者之事。故就白句而推説、為松雲堂記。

明治廿有六稔癸巳七月鹿門道人岡千仭

於浪華客次

【訓読】

松雲堂の記

浪華の心斎橋は、書肆の蓄《あつ》まる所と為る。往年、余、浪華に寓《ぐう》し、河内屋新次郎の豪肆為《た》るを識《し》る。河新を以て世に行《おこな》はる。河新の支店、鹿田氏、松雲堂を以て行へども、当時は猶ほ未《いま》だ盛んならず。癸巳の夏、浪華に游べば、河新衰へて鹿田氏方《まさ》に興《おこ》らんとす。余、河新の故《むかし》を識るを以て、今の鹿田氏と一見、旧の如し。維新以来、漢学、地を掃《はら》ひ、書肆、競《きそ》ひて洋書と新刊書とを販《う》り、奇利を射《しゃ》せんと謀《はか》る。独《ひと》り鹿田氏に見る所有り。分ちて両肆と為し、一つは洋書と新刊書とを販り、一は和漢の古書を販ること、故《もと》の如し。人、多く其の射利に拙《せつ》なるを笑ふ。而れども、未だ十数年ならずして、四方に和漢の古書を求むるもの有れば、皆《み》な鹿田氏に就《つ》きて之を購《あがな》ふ。其の業、日に興《おこ》り、松雲堂の名、四方に行《おこな》はる。一日、来《きた》り謁《えつ》して曰く、「先人の肆を開けるは、弘化年間の事たり。小竹篠崎先生、命じて松雲堂と曰ふも、今、復《ま》た松雲の何の義より取れるかを知らず。敢《あへ》て請《こ》ふ、先生、之が為《た》めに説け」と。余、曰く「『紅顔、軒冕《けんべん》を棄て、白首、松雲に臥す』とは、李白の「孟浩然《もうかうねん》に贈る」の句に非《あら》ずや。白の、新進・後輩の心力を尽して栄達を謀り、未だ禄利を霑《うるほ》さずして、其の資とする所を幷《あは》せて、之を失へるを観《み》て、浩然の高節に於《お》いて感ずる所有り。故に「紅顔　軒冕を棄つ」と曰《い》ふ。今、書肆、競ひて洋書と新刊書とを販《う》り、奇利を射んことを謀る。而れども失敗せる者、前後に踵《きびす》を接す。此れ亦た何ぞ新進後輩の心力を尽して栄達を謀れり、未だ禄利を霑《うるほ》さずして、其の資とする所を幷せて、之を失ふものに異らんや。而《しか》るに、子、此に見る所有りて、和漢の故書を販ること、故の如し。世の人の嘲咲《てうせう》する所と為ること少なからず。自ら疑ふ、此れ亦た白首、松雲に臥するかと。而るに、十数年ならずして、四方に和漢の古書を求むる者あれば、皆な子が肆に就きて之を購ふ。松雲堂の名、四方に喧伝され、其の業、日《ひび》に興《おこ》る。此れ亦た殆《ほと》んど歳寒くして、而る後に松柏の凋《しぼ》むに後《おく》るるを知るものなり。夫《そ》の良賈《りやうこ》の深く蔵して虚しきが如くなるかは、固より滔々輩《たうたうはい》の能《よ》く与《あずか》り知る所に非ざるなり。夫《そ》れ小竹先生の松雲と命ずるには、必ず別に取る所有らん。而今、復《ま》た知るべからず。

唯《た》だ、子、凡百競新の時に当りて、能く人の為さざる所を為す。真に識有る者の事なり。故に白が句に就きて推説し、松雲堂の記を為《つく》る。

明治廿有六稔癸巳七月、鹿門道人岡千仭

浪華客次に於て

【語釈】

○**癸巳**　明治二十六年（一八九三）。○**洋書若新刊書**　「若」は「と」の意味。「洋書と新刊書と」。○**白**　李白のこと。○**紅顔棄軒冕、白首臥松雲**　「吾愛孟夫子／風流天下聞／紅顔棄軒冕／白首臥松雲／酔月頻中聖／迷花不事君／高山安可仰／徒此揖清芬（吾は愛す　孟夫子／風流　天下に聞ゆ／紅顔　軒冕を棄て／白首　松雲に臥す／月に酔ひて　頻りに聖に中《あた》る／花に迷ひて　君に事《つか》へず／高山　安んぞ仰ぐべけんや／徒《た》だ此に清芬を揖す）」（李白「贈孟浩然」）中の詩句。○**嘲咲**　あざけり笑う。○**此亦殆歳寒而後知松柏之後凋者矣**　「歳寒然後知松柏後彫也（歳寒くして、然る後、松柏の凋《しぼ》むに後《おく》るるを知るなり）」（「論語」子罕篇）。○**滔々輩**　社会の風潮に追随する輩。「滔々者、天下皆是也。而誰以易之、而誰以易之（滔々たる者、天下、皆《み》な是《こ》れなり。而して誰と以《とも》にか之を易へん）」（『論語』微子篇）。○**客次**　旅先の宿所。

（「書籍月報」第三二号　明治二十六年九月十八日）

資料2　一花堂山水作『風流俄一杯喜言』より

初代が大阪俄の趣向を立てることに巧みで「一花堂山水の雅号を以て本を著述上梓」したことは、南木芳太郎に指摘がある（鹿田文庫「大阪郷土資料展観目録」）。山水は『風流俄天狗』第二篇序（天保十二辛丑年〈一八四一〉季夏）を記しており、「此篇にくだらぬ序辞を記する者は。未だ嘴の青二才。鼻高ならねばはな誰とも。鼻の浪華にたれ一人御存じのなき　一花堂山水」とある。村上杜陵亡きあと、倉椀家淀川や金鴈堂本虎などとともに幕末期大坂の俄流行の一翼を担っていたのが、この山水だった。ただ天保十二年当時、まだ駆け出しであったと覚しい。関西大学図書館蔵「福の神宝の山代」（酉の初春）は一花堂山水作の写本で、役割人名中「鹿田山水」の名も見いだせる。掲出の『風流俄一杯喜言』初篇（関西大学図書館蔵）は、安政初年（一八五四）頃に版本として刊行された一花堂山水著の俄の種本。興行俄のみならず、酒興の戯れとしての座敷俄の脚本も著していたようである。

○燭台《しよくだい》

灯台《とうだい》〳〵此所に置まして即席俄《そくせきにはか》の大よせ趣向《しゆかう》は道具《たうぐ》一式何なりと早よ仕《し》なされ「ト燭台を前へ持て出て蝋燭のしんを切る」〽早《はよ》う切《き》（キ）ツたら灯《とも》（ヲモ）しよ（ロ）い

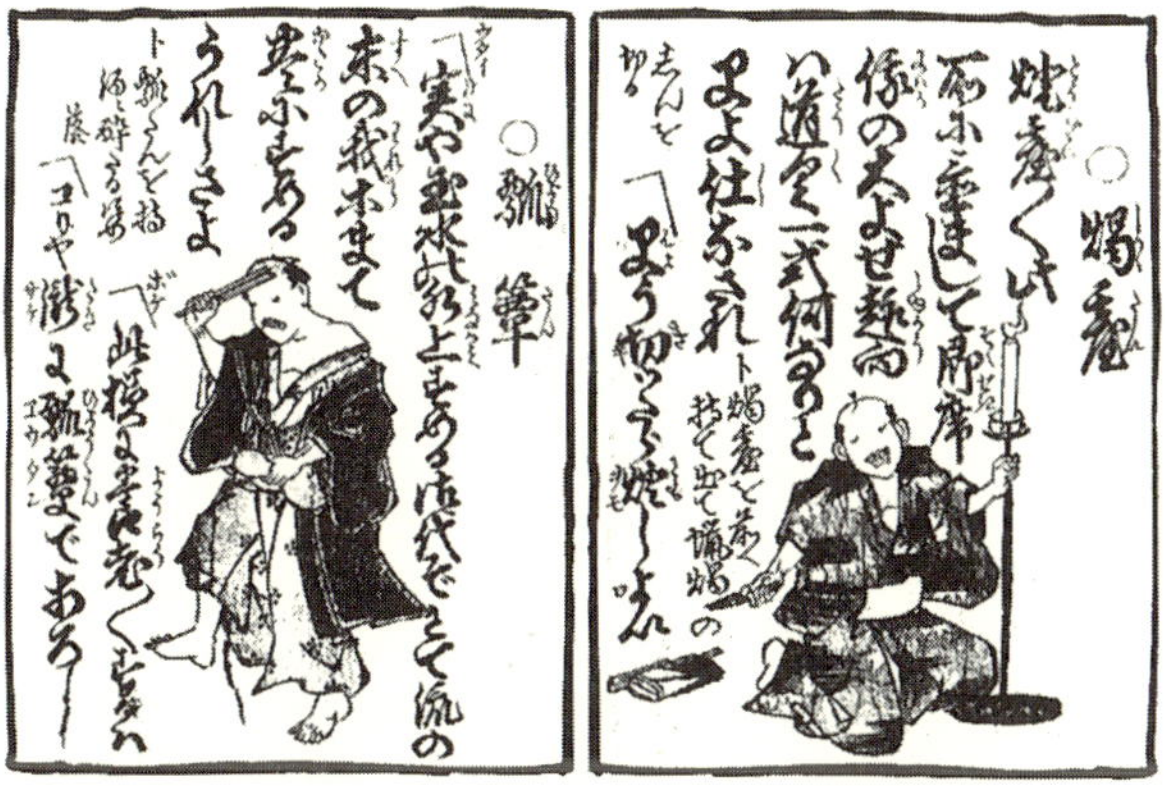

『風流俄一杯喜言』１ウ～２オ（「やそしま」第五号より転載）

【解説】

「灯台〳〵」は言うまでもなく、「東西〳〵」の掛声の洒落。本書では、地口（音の類似を利用して、二つの異義語を結び付ける修辞形式）箇所を左ルビで表記するが、ここでは蝋燭の芯を切れば、「灯しよい」と「面白い」と地口に合わせる。そして、「早う切」る即ち、即興性こそが俄の本領であると述べているのである。

○瓢箪《ひようたん》
ウタイ〽実《げに》や玉水の水上《みなかみ》すめる御代ぞとて流の末《すへ》の我等《われら》まで豊《ゆたか》にすめるうれしさよ［ト瓢たんを持　酒ニ酔たる姿］　ボケ〽此様に養老《ようらう》〳〵するは　落〽コリヤ瀧《たき》（サケ）に瓢箪《ひようたん》（ヱウタン）であろー

【解説】

「実や」云々は、謡曲『養老』の文句取りであり、それゆえ「養老〳〵（ヨロ〳〵）」する。なお、これに似た内容を俄の語源説の一に数えられる二羽屋嘉惣治が創作しているという（宮尾しげを「俄」『民俗芸能』一九七〇年一月）。

（安政初年頃作『風流俄一杯喜言』冒頭「燭台」「瓢箪」）

資料3　磯野秋渚「小篠の雫」

浪華詩人磯野秋渚が、鹿田松雲堂を訪問し、なされた初代清七妻くにへの聞き書き。「大阪朝日新聞」掲載。磯野秋渚、名は惟秋、文久二年（一八六二）伊賀に生まれる。明治二十四年（一八九一）、西村天囚らと浪華文学会の結成に参加。この当時、大阪朝日新聞社社員で同誌を背景に多彩な活躍を見せ、明治三十三年三月『なには草』（生成舎）を刊行したばかりであった。同書「名家訪問録」「みをつくし」では、諸名家の逸事を古老からの聞き書き等で伝えるが、◎印を改行冒頭に付すなど、「小篠の雫」も同じ体裁を採る。「名家訪問録」では諸名家に関わる文字を取り題を付けていることを思えば、「小篠」は篠崎小竹を示す。同書「みをつくし」にも小竹の記述が相応にあり、「雫」はその補記としての謂いか。

小篠の雫

磯野秋渚

◎鹿田松雲の母国子は、今年八十の高齢になりて猶健やかなり。この人、少き時、篠崎家に小間使たりしかば、その一家の事を能く記憶せり。おのれ一日、松雲堂を訪ひ、老母を煩はして、左の事を聴きたり。

◎斎藤拙堂が撰びたる小竹の墓碣銘に、『配田中氏、生三男、皆夭、三女、長適後藤機、季嫁浜田藩士奥村克勤、公槩江戸加藤氏之季子………君収而養之、以配其仲女』とある田中氏は、もと和泉屋といふ薩摩問屋の女幸子にして、能く家政を治め、賢女の聞えありき。後藤松陰の妻となりし長女待子は、その実、三島の女にして、小竹が三島の養子となりし後、程経て、生れたれば、小竹は父の命により　己の児となし、殊に心をこめて、育てあげ、好き婿をとて、松陰を択びて、嫁入らしゝなり。

是より先、恰も大塩騒動の前年、中斎より、息子の嫁にと、この待子を懇望せられて、小竹も是非なく承諾し、さらば結納といふ一段になりて、此両家が平生の交誼上、書状の往復ありしが、中斎が書状の中に、小竹の腑におちぬ字句ありきとかにて、此縁談は、篠崎家より断りを申入れつ。例の癇癖なる中斎は、立腹一方ならず、事漸うむつかしうなりしを、仲裁ありて、辛うじて、この紛れの糸を解きつ。その翌年に、彼の騒動ありしかば、人々小竹の先見に服したり。待子の後藤家に適きしは、これより後年の事なりき。

◎仲の女通子、季の貞子は、実に小竹の児なりしなり。通子は、養子訥堂（即ち公槩）に配はせたれど、兎角に、夫婦中睦じからざりき。通子は、訥堂に対して、二三歳の老女房にして、容貌も、先づ十人並といへば、いはるゝ程なりき。又訥堂は小竹の師家なる古賀侗庵の鑒定にて、篠崎家に養子となりし廉を笠に着るといふ卑劣心にはあらざめれど、頻りに江戸弁をふりまはして、親族召使の差別なく、何事も、唯べらぼうと、叱りちらししかば、召使どもは、いたく恐れ、訥堂の声を聞きてすら、又若先生のべらぼうよとて、片隅にすくみて、小くなりぬ。その両者の欠点こそ、夫婦衝突の原因にてありしならめ。

◎この衝突が原因となりて、訥堂は、小竹の歿後北の新地の花柳に流連し　平鹿の抱なる歌妓おきたの才色を愛して、遂に大金を抛ち、之を落籍せしめて、妾とせり。おきた本名を蔦子といふ。今年七十二歳にして、現に本田の豪商某の妻たり。

◎貞子は、鉄子と改名して、浜田藩の留主居奥村家に嫁するにつき、日頃、賢母幸子の信任を得たる国子は、附女中を命ぜられ、年十四にして、鉄子に侍して、奥村家に仕へたりしが、二十四歳の時、幸子が万事を計らうて、暇を取らせ、お蓑と呼びし名をも今のに改めて、鹿田家に嫁せしめしなり。幸子は、平生人の非をいふことを好まず、召使に対して、恩威並びに行はれ、訥堂がべらぼうを掉りまはしゝにも、花柳に流連せしにも、人に向うて、一語の不平を漏らしゝことなかりき。国子が、今猶斯人の徳を称ふるは、ゆゑあるかな。

（「大阪朝日新聞」明治三十三年四月二日）

二代松雲堂　鹿田静七

資料4　「書籍月報」第一号　静七巻頭言

明治二十三年（一八九〇）五月五日に非売品として発行された「書籍月報巻之壱」巻頭序文。第一号は全十八頁。序文・附言二頁、次いで内題「書籍月報　第一号　和書部類順序不論」とし、途中「写本之部」「唐本之部」を含め一五二点の書目が並ぶ。残り四頁は出版目録。大阪西区靱下通一丁目一成舎印刷。巻頭に「風化の由る所を考んと欲せば古典廃すべからず」と古典籍を尊ぶ重要性を述べる。その想いが月報発兌に繋がったのだろう。

古典舗松雲堂主人静七謹啓ス僕カ家特ニ典墳ノ遺籍ヲ販鬻シ聖賢ノ余唾ヲ聚散スルヲ以テ諸先生各位ノ眷顧ヲ受ルヲ得海岳ノ洪恩未タ報スルニ暇アラス近来風化ノ沿革事物ノ日新ニ際シ古典ノ尚フヘキ人或ハ之ヲ忘ル蟹字横文固ヨリ文明ナリ韋編緗帙独リ開化ノ妨ケナランヤ乃チ風化ノ由ル所ヲ考ントト欲セハ古典廃スヘカラス百芸ノ道ヲ明メントスレハソレ豈古典ヲ棄テ、何レニカ之ヲモトメン是ヲ以テ僕区々ノ心毫モ旧套ヲ脱セス財力微ナリトイヘトモ貲ヲ尽シテ古典輯蒐ノ業ヲツトメ茲ニ書籍月報ヲ刊シ毎月一回コレヲ発行ス諸先生各位冀クハ逐号電覧ヲ賜ヒ随テ多々採択アランコトヲ

明治二十三年五月

（「書籍月報」第一号　明治二十三年五月五日）

資料5　二代古井母公傘寿玉吟募集　兼題「寄松祝」

二代母栄珠（俗名くに）は文政四年（一八二一）二月二十八日生。明治三十三年（一九〇〇）、目出度く傘寿八十歳を迎えた。その事を祝し、「寄松祝」という題で詩歌の詠進を広く求めたもの。前掲「小篠の雫」にも「鹿田松雲の母国子は、今年八十の高齢になりて猶健やかなり」とある。

一　拙者母栄珠と申候者当年齢八十歳に相成至て壮健に罷在候が今般聊高齢を祝し中度候間愛顧各位御閑暇も候ば左記の事項により御玉吟を賜らば幸甚の至に奉存候

題　寄松祝

詩歌発句　御随意に一首

料　紙　短尺懐紙其他御随意

御寄送期日　四月二十日迄

三十三年三月

松雲堂　鹿田静七　敬白

（「書籍月報」第五八号　明治三十三年三月十八日）

資料6　「大阪史談会の創立」

幸田成友が大阪市史編纂主任として大阪市役所に赴任したのは明治三十四年（一九〇一）五月のこと。市史の材料となる史料が皆無なのに驚き、当初は編輯材料の蒐集からはじめることになる。着阪早々その事業に協力したのが鹿田松雲堂であった。史料の買入のみならず、松雲堂に集う諸名家とも成友は親交を結び、史料の借覧謄写を繰り返してゆく。本新聞記事は、明治三十四年十月十二日に書籍商組合事務所において、大阪史編纂事業を円滑に進めるべく大阪史談会が発会される旨を伝えるもので、同趣意書・規約も掲げている。

●大阪史談会の創立　大阪史編纂事業の着手に際し史談会を起して資料の蒐集を図らん為今回当地の諸名士之を発起し来る十二日午後一時より東区安土町書籍商組合事務所に於て発会せんといふ其趣意書及び規約左に掲ぐ

我大阪の地は夙に浪速或は難波の名を以て史上に見はれ奈良平安両時代には外国交通の要津となり爾来幾多の変遷を経石山合戦と云ひ慶元両度の役と云ひ国史上有数なる戦役は此地に起り申候殊に元和年間徳川幕府の直轄に帰してより今日に至るまで太平三百余年に亙り独り商業に於て日本全国の中枢となり候のみならず其間科学に文学に又宗教に一代の名流鴻徳を出して我市に光彩を加へた

る事の少からざりしは何人も敢て異議を挿まざる所と確信罷在候、右の如く本市は久しくして且つ栄光ある歴史を有し候にも拘らず之を究めんと欲するに当り確実なる史料の乏しきを感ずるは平素我等の遺憾に堪へざる所に存候、然れども退いて考ふるに我等が材料の乏しきを感ずるは我等が捜索の未だ洽からず見聞の未だ博からざるによるものにして必ずや本市に関する文書記録絵図類其他貴重なる材料の筐中に隠れ又は口碑伝説の二三の故老によりて僅に存するもの多々可有之と被存候、我大阪の如く長日月に亙り且つ多岐多様の経歴を有せる地方の歴史研究には協同研究の便宜多くして興味に富めるは明なる義に候、即ち同志一堂に相会し或は所蔵の史料を出陳して披閲に供し或は見聞する所を談話して質問に応ずる等力を協せて研究に従事致候はゞ隠れたる史料を知り将に滅びんとする口碑を伝へ同志各自に於て大に得る所あるは申すに及ばず此の如くにして過去の大阪の真相を発揮し以て後世に伝ふるは現在の我等が将に為すべきの一事と確信仕り茲に大阪史談会なるものを発起候条何卒各位の御賛成御尽力を相仰申候也敬具

明治三十四年十月

発起人　鶴原定吉　村山龍平　藤沢南岳　小林利恭　小松原英太郎　平瀬亀之輔　平沼淑郎

幹事　幸田成友　鹿田静七

申合規約

一　本会を大阪史談会と名くる事
一　本会は大阪に関する歴史上の事実を明ならしむるを目的とする事
一　本会の目的を賛成する者は総て会員たるを得る事、但し会員外と雖も臨時来会を許す事
一　本会は毎月一回開会の事
一　本会に幹事二名を置き本会に関する一切の事務を取扱はしむる事
一　本会の諸費は有志の寄附金を以て支弁する事
一　本会の事務所は当分北区玉江町一丁目二十五番屋敷幸田成友方に置く事

（「大阪朝日新聞」明治三十四年十月九日）

資料７　「書籍月報」本卦祝の辞

明治三十四年四月、「書籍月報」は目出度く第六十号発刊を迎えた。「弊堂の月報を発刊せしより茲に十年号を重ぬること已に六十、是時勢の然らしむる所とはいへ偏に四方華客の愛顧の厚きに因らずんばあらず今や本号の発刊に際し聊か喜を述べて華客の盛意を謝するにこそ」と、「古書の聚散に就て」と題

した巻頭言で松雲堂主人が述べている。その喜びそのままに第六一号を「世にいふ本卦祝生れ子にたちかへりたる」と位置づけての祝いの辞。

蘧伯玉行年六十にして六十化すと荘子に見えたるは其の学徳の年ごとに進化せしを云へるなるべし我が書籍月報産声を揚けし以来幸に江湖御愛顧の力に健康を保つを得て既に六十を経たり六十進化せしとは嗚呼《ママ》がましくて申し難かれど少壮の時に比すれば目録の部数も多きを加へ且は古典の乏しき折柄ながら聊か蒐輯につとめしを以て珍書奇図はた無きにしもあらす今茲に発行六十一と数へて恰も還暦の年を重ぬるに至れり世にいふ本卦祝生れ子にたちかへりたるなれば若やきてます〳〵行末を頼み鶴亀の齢は更にも言はず読書好事の諸君たちが飽かぬ心の御推挽に任せて限りなき号を追ひつきなん事を祈り申すにこそ

明治三十四年十月

松雲堂主人敬白

（「書籍月報」第六一号　明治三十四年十月十五日）

資料8　古井遺稿『思ゐ出の記』

慶應義塾図書館幸田成友文庫蔵本。写本仮綴一冊（請求番号二二五／一六〇七）。原稿用箋三十五枚に、二代目鹿田古井による家の記が記されている。共紙表紙には書名記載なく、ただ右肩に「西尾は播吉ノ氏」とあるばかり（本文記載にある人物）。内題にある「思ゐ出の記」を今その書名とする。本写本に関する経緯について、幸田成友が幾編か書き残している。まず、二代目古井が家の記を執筆するに到った経緯であるが、「去夏翁疾を獲しや、一切の店務を令嗣伸四郎君に譲り、優遊自適し、殆ど世事を顧みざりしかど、親戚故旧に対する情誼は愈々厚く、又自ら往事を追懐して思ひ出の記一篇を作れり」とある（幸田成友「鹿田静七翁小伝」「書籍月報」第六九号、明治三十八年十一月二十七日）。二代目の逝去は明治三十八年（一九〇五）八月十三日。三代餘霞の日誌によれば、前年六月に父の病気について言及されている。明治三十七年九月二十六日京都大学病院入院、同二十八日に手術がなされる。以後、病気療養の中での執筆ということになろう。幸田成友文庫蔵本は、成友の書き写したもの。このことは成友「初代鹿田静七氏と書籍月報」（『凡人の半生』共立書房、昭和二十三年四月二十五日）に指摘される。「松雲堂主初代（注—二代のこと）鹿田静七氏の歿後間もなく、自分は二代（注—三代）静七氏の依嘱に応じ、初代の小伝を執筆して、同堂発行の『書籍月報』第六拾九号に載せた。今から数へるとそれは四十年も前のことで、自分に先代の小伝を依頼した二代静七氏も去る昭和八年に歿してしまつた。過日書斎を整理した際、初代が晩年病中に記した『思出の記』を自分が手写した仮綴本の中に、それを出版

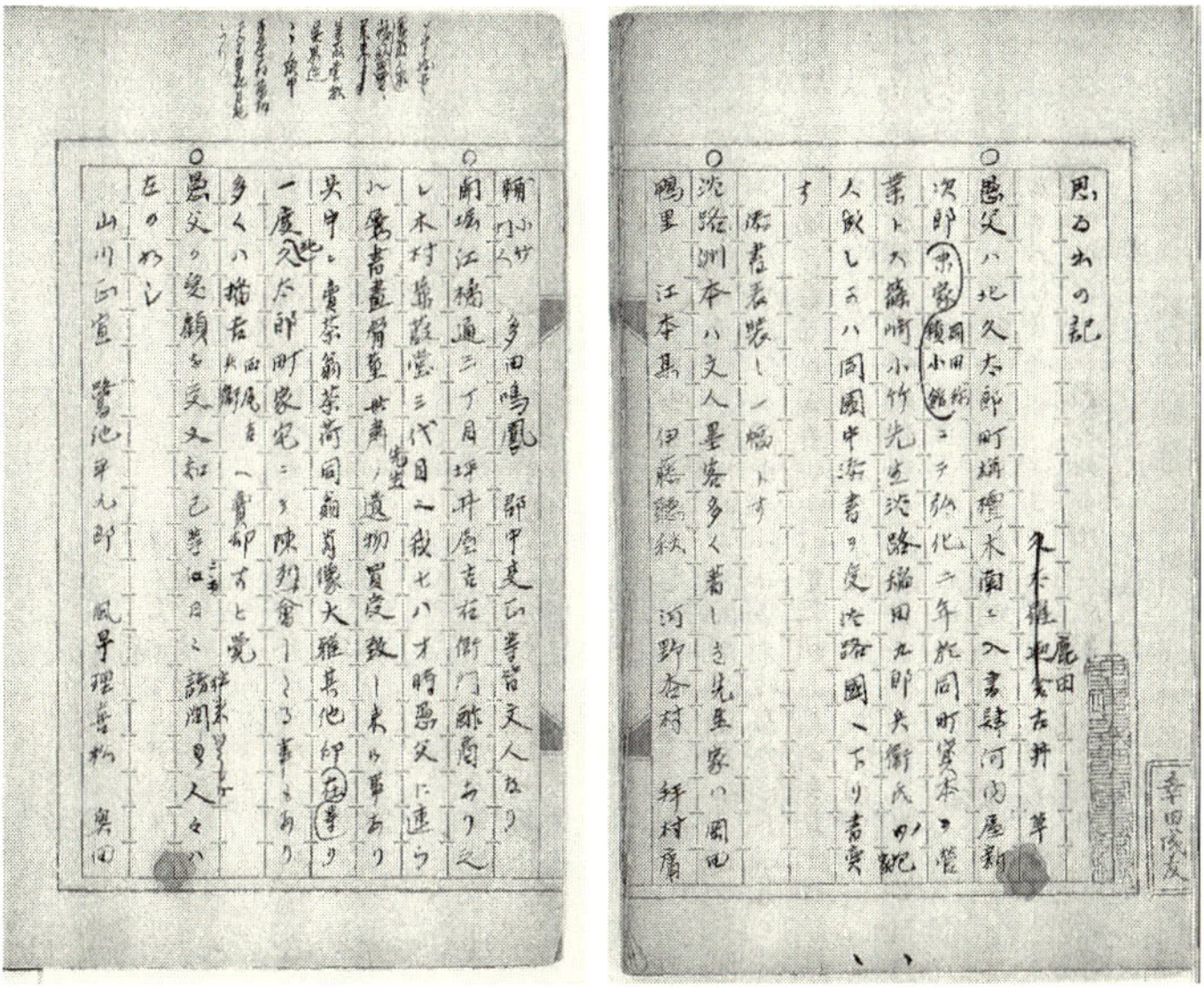

『思ゐ出の記』冒頭

したいといふ計画を書いた二代の手紙を発見し、悵然たるもの久しかつた」とある。今、この言に従う。後掲資料「幸田成友宛三代静七書簡」より、三代餘霞が遺稿出版を成友に依頼していたことも判明する。『思ゐ出の記』には、たとえば巻頭に「久太羅硒舎古井草」と署名があるのを、棒線で消し「鹿田古井草」と訂するなど、訂正や追記が多く存する。それらも敢えて書き写したものであったか。時には古井による追記と目されるものもあれば、成友によると考えられるものも散見する。凡例に示すように、今仮にその判断を示しているが、後考を期したい。

『思ゐ出の記』は、かつて太田臨一郎により「日本古書通信」（第三〇六～〇八号、昭和四十四年十月～十二月）に翻刻されているものの、意の通ぜぬ処も見受けられる。そのため、改めて原本に当たり直し確認した。成友による注記は時として本書刊行に向けての指示と目される場合もあるが、残念ながら刊行には至っていないようである。なお本翻刻末尾に、（参考資料）として「日本古書通信」での翻刻の際に附された太田臨一郎の記述と、幸田成友「鹿田静七翁小伝」を整理し、取りまとめておいた。

《凡例》

○（　）内は割書ないしは注記であることを示す。
○〔　〕内は原稿用箋上枠外に記された古井翁に拠ると目される追記である。該当箇所の末尾に掲げるを原則とした。幸田成友に拠る校訂記述は〈　〉に示した。
○ほかにも「　」や丸印にて文中記述を補入・削除するよう示したところもあるが、原則修正本文としている。判断の難しいところはそのままとした。□は空欄部を示す。
○任意に句読点ならびにカギ括弧を附した。
○カタカナ表記も読みやすさを考え、原則ひらがな表記とした。

思ゐ出の記

鹿田　古井　草

○愚父は、北久太郎町栴檀の木南エ入書肆河内屋新次郎（岡田称積小館）末家にて、弘化二年於同町貸本を営業とす。篠崎小竹先生、淡路稲田九郎兵衛氏の家人成しかば、同国中添書を受、淡路国へ下り書売す。

添書表装し、一幅とす。
○淡路洲本は文人墨客多く、著しき先生家は岡田鴨里、江本某、伊藤聴秋、河野杏村、拝村庸輔（小竹門人）、多田鳴鳳、郡中吏正等皆文人なり。
○南堀江橋通三丁目坪井屋吉右衛門酢商あり。之れ木村蒹葭堂三代目也。我七八才時、愚父に連られ屡書画骨董、世粛先生の遺物買受致し来候事あり。其中に売茶翁茶荷、同翁肖像、大雅其他印等在り、一度、北久太郎町家宅にて陳列会したる事もあり。多くは播吉（西尾吉兵衛）へ売却すと覚。〔その中の珍品々　蒹葭の家小幅（秋成賛）　蒹葭堂蔵呉果延　々々の頭巾　売茶翁墓場天王寺花月庵にあり〕
○愚父が愛顧を受、又知己等に而日々往来いたし候人々は、左の如し。
　山川正宣、鷺地平九郎、風早理喜松、奥田（難波の接骨師）、林（質商取締）、津田瓢水、渡辺東笠、松川半山、沢春耕、暁鐘成、長久寺住職
○中嶋広足翁当地に住せられし比（梶木町堺筋角）猫をこのまれ所望に付、愚父柳こうりに入携候処、開く否、飛出し踪跡不知、後に聞ば翁の机の下にかゞみ居候よし、後、猫の本屋といわれる。
○幼少の比、愚父篠崎《中島》家へ連れ被参候。小竹先生云「此児は頓と泣ぬ子である」と被申ければ、愚父「左様でムり升。泣ぬ自慢の文吉と申升」。先生大笑（静七幼名文吉と云）。〈こゝに名前の○入れる〉
○山川正宣氏、毎朝不欠来店。談話せられ候へども、腰をかけたる事なく、又座したる事もなく、立

ながら話にして一時間余も被居候と覚。此節南本町一丁目小路に隠居。後、池田の本家へ引取られしなり。

○篠崎竹陰先生、長平と云。死去後、南江戸堀犬斎橋西へ入家にて遺書売却相成。後見人坂上淡水立会にて愚父本家河新〔河新は河内屋新次郎の略〕へ申受けたる後、唐本和本及法帖類は前川氏、別市にて北久宝寺町木津仁に開催す。大塩中斎先生の市以来の大盛会の由。当時書林浅井吉兵衛氏は同家兼而河内屋出入に而、此噂を聞、橋本香坡先生を介して遂に書画骨董類の売却を引受くることになり、浅井・前川両氏家札元に而、同木津仁に而売立市あり。其内左之品は特に播半にて入札。其価左に覚。

于時万延元申十一月廿八日。

黄道周三行物

附藍田叔山水絹本　幷に米庵先生より送り来りし扇面

第一番　百八十両千疋銀六拾匁　大坂　泉吉、落札

第二番　百七十両三歩三朱　近平

第三番　百廿弐両弐歩銀廿八匁　京都　俵清、木勝、銭物三名連合

第四番　百両銀三百匁銭三貫文　赤穂　茶三

第五番　百両　銀五拾五匁五分　大坂　池内陶所先生

○備前河本家蔵書は本家河新番頭正助、茶三と申骨董家、周旋に而引取致し候。予此時始めて唐本

「蘇氏印略」及び「王陽明全書」（売立直段一貫八百目）を見る事を得たり。
○書肆柳原喜兵衛氏方にて、従来より宋槧「尚書」（十冊内二冊補写、瑞拱元年板）従来所有せられ居たれば、前年、江戸岡田や番頭来坂の節、若干にて売買の談調ひし時、番頭言を改めて、中々其位価にて売らるべき品にあらず。保存可致様諭し候由。然るに維新後、支那人へ僅かに五十円にて売却之由可惜事に候。
○山川正宣先生、旧里池田へ帰られし後、愚父も没し、暫沙汰もなかりしに、其後、先生の孫に当らるる大和屋大三郎氏より使来り、祖父死去後、遺書は大坂河内屋清七（時に予十七歳）へ売却可致との遺言に付、評価可致様被申来候に付、本家へ相談して直に参候。夫々買受候和漢書数多、悉く先生の書入有り。高直に売れたり。其節の話に、先生今日は死すとの予言ありて空敷なられし由。存生中、妾弐十八有りと。又金石摺本等の鑑識に委く、時々鑑定願候事も覚ゆ。買得候内に定家卿の色紙有り。左之書附を附して天満御文庫へ寄附したり。

定家卿釈教詩歌色紙　池田山川氏所蔵。此度譲受天満宮御廟御文庫へ奉納候

慶応元丑十月廿五日

大坂書林　河内屋清七謹拝

同先生墓は、池田本町日蓮宗本養寺に有り。戒名は猶見院乾燥知水日遠信士
著書「仏足石和歌集解」刊、「景雲遺事」、「宗像経碑考」、「山陵考略」、「いはひの御恵」、「坐石

紀事」、「校正職人尽歌合」（三冊刊）

○予の記憶に残れる諸大家住居

篠崎小竹（今橋五丁目魚棚西へ入）
後藤松陰（梶木町五丁目御霊筋西へ入）
広瀬旭荘（伏見町三丁目丼池西へ入）
安藤秋里（大江橋南詰西）
奥野小山（嶋町二丁目）
熊谷直好（今橋壱丁目八百や町南）
中島広足（梶木町二丁目堺筋南）
萩原広道（北江戸堀犬斎橋東）
高橋残夢（伏見町）
藤沢東畡（瓦町二丁目八百や町）
橋本香坡（本町四丁目丼池西）
内村友輔（斎藤町）
殿村茂済（今宮日本橋南へ突当り　米平隠居此所茶話太郎住居地と云）
佐々木春夫（玉造岡山町）

西田直養（堂島大江橋北詰西肥前屋敷）
有賀長燐（北野こもく山今監獄署地内）
加藤景範（大手通二丁目御祓筋東へ入る）
中井学校（今橋淀屋橋東）
並河寒泉（同隣家）
近藤芳樹（長堀難波橋西へ入　丹波屋隠居）
○文久の比、藤森弘庵先生来坂有て北久太郎町壱丁目大七と云宿に滞在有り。
○野里梅園先生は、大坂惣年寄の壱人にて内本町に住す。一時丁内頼母子講の事にて忌諱に触れ、後播州高砂にて終と聞。子息は製図に委しく、北平の町日々庵に住せられ候（余梅園自筆の「如是我聞」二冊所持す）。
○南摩羽峯先生、書生の比は北久宝寺町緒方郁蔵氏方へ入塾せられ候。後、君侯〈会津侯カ〉守護職に供し、京都へ在勤。維新の乱に及、単身大坂へ罷来候。予先生の依頼により上京。一乗寺村に預け有る荷物を受取、慶応三年十二月三十日、船に而持帰り、本家土蔵へ預け置。越て鹿児島藩の分捕所となる。
○池内陶所（大学）先生は、江戸にて二府払の所刑に而大坂へ立越、北久宝寺町松田庄助方に潜伏後、今橋井池西エ入所に私塾を開かれしが、浪士の為め横死す。

○暁鐘成大人は、難波鉄眼寺前角に住す（「浪花賑」に居宅の図あり）。愚父と屢往来す。後ち籠屋町西横堀西エ入所移らる。墓は北浦江村勝楽寺にあり。明治廿六年二月四日、三十三回忌同所にて孫木村友七氏と共に営む。

二代目暁鐘成は北江戸堀五丁目小橋六と云薬種商継けれ共、此の人著書の有無を不知。

○谷三山先生は大和国八木の油商にて、有名の儒者にしてその学陽明を主とす。壮年にして盲目となり、又聾となる。愚父参り候節は、先生の手の甲へ文字をかき談話に代へたりと聞く。門人には河内狭山（欠名）前田横塘等あり。

○敷田年治大人、徳川家に召され、将軍へ「古事記」講義被致候処、維新の瓦解に相成、明治初年、大坂へ被引越候。北久太郎町四丁目丹市と申呉服商の裏座敷借りて仮寓致され候。近傍に付初対面、爾来懇命を蒙候。其後、佐土原藩より扶持方百石被賜、追々門人も増え、阿弥陀池西門南へ入る所へ転宅被致候。

○古川躬行大人、維新早々倭舞之事にて琴平社へ参られ、其後奈良東大寺、興福寺の依頼を受、同所に講学被致候。予敷田氏の添書を持て奈良に出て始めて大人に面会仕候。「増訂神事略」「喪儀略」の草稿申受、親族赤志忠七と相板にて出板仕候。其後「歴朝大綱」「国郡正訓」「庶人喪儀略」「説教十八問題略則」「本朝三字経略解」等之著も引受、何れも相当之利益を得候。〔割註〕（外に著者には有名なる「考古画譜」等あり）。

○奈良県知事園池侍従、参事早川勇君の比より都志春暉氏引にて奈良県へ出、度々用向を聞、自然、神宮、僧侶にも懇意に相成候。興福寺僧徒復飾に付、仏書等売却数多あり。京都の菱屋と中書林連れ、仏書類は同人へ為買候事もありし。当時は古器物、古書等極下直の事なれば、反古屋、透直しやの店頭に古文書、田券等、如山積て有り。考古家小原竹香先生等、此中より選出され候。我等も反古壱貫目計買戻候。此節の事に、弘法大師巻壱貫文にて、奈良石崎勝蔵氏競市会に而被買候。其後、京都崇蘭館福井氏へ被譲候由。園池知事辞して海江田信義（後枢密顧問官）氏知事たり。「牧民忠告国字解」上木被命、後此板木廃し候後、休職之折、左の愚詠を差上候。

むら雲のかゝればかゝれ望の夜の月の光りの影はくもらじ

其後、古川氏は妙な本屋じやと被申候由。〔○家蔵に信義公筆玩古楼の額あり〕

○後五条県を奈良県へ移され、四条隆謌知事、津枝―参事之節、雑志を管下エ月二回発行せんと県庁にて計画、横塘先生担当にて引受、板下を持帰り彫刻。仮綴の上、闇峠を持運（編輯より発行迄壱ケ月余）県庁へ納候事有之。今其標題を失す。

○慶応三年に「内外新報」と題し、半紙閉雑志発行。大阪にての新聞紙初め也。其後の知事後藤象次郎知事、判事陸奥陽之助、中井弘蔵、関義臣等諸氏なり。其比、京都書林杉本甚助、其筋の勧誘を受て発行す。赤志忠七、拙者売捌人にて七号迄出して中止す（発行所瓦町八百や町筋西エ入藤沢氏方。明治三十七年、朝日新聞此事出）。〈此事トリにすべし〉

此年、東京にて「中外新聞」発行になり、八百善と申者、部数買来り候由に付、悉皆買受（二十《?》冊宛五十部斗）、之れを川口波止場迄受取に行、赤志と両人して売捌候所、定価の倍額に直に売切れ候。東京新聞の当地にて売捌最初なり。

〔○「明治月刊」　慶応三年、何礼之、田中芳男諸氏にて飜訳。毎月壱冊ヅ、発行、大坂府蔵版、発行人鹿田静七、此書雑志の発行の初め也。〕

○本家河内屋新次郎は諸藩へ出入致し居候内、尤土佐家日々用聞に出入候縁故にて明治三年の比、在東京の藩士より容堂公之蔵書売却致さん為、出京申来候得共、本家は維新の動揺にて休業中（当時南久太郎町心斎橋東に移る）、余は未年少なり。幸、親族〔妹聟〕赤志忠七東上に付、相托候所、山内家にて買取直に須原屋茂兵衛へ売却致候由。本箱の周囲には公之自筆の書又画あり。唐本は繻子の帙、銀コハゼ等、至極結構之物の由（後、須原にて十三経丈一見す）。其書目は「冊府元亀」「文苑英華」「通志堂経解」「太平御覧」其他にて其後聞所に寄ると大坂三木佐助氏買取、支那人へ売却、大層もうけ候由、而して本家河新へは赤志より相当の礼金差出し候なり。

○此節は諸藩より続々書籍払下斗にて、内地に買人無、多くは支那へ持帰候。三木佐助氏は此目的にて諸方より買出し、支那広東人麦梅生へ悉く売却候。其数夥しといふ、可惜事候。又板木も追々支那へ売払候。

群書治要　欽定四経　外台秘要　千金方　東医宝鑑　武備志　詩緝　医宗金鑑　四書匯参　其他

官板板木等

○慶応三年江戸城引払の比は、漢籍地に落ち、有栖川宮供奉人都志乾三氏江戸にて「佩文韻府」「廿一史」「淵鑑類鑑」等買入、大坂へ被廻候。当時江戸にては韻府の価二十円位なりしが、当地にては吉田倍太郎氏が百弐十円にて買取られ候由、東西価格の差驚くべし。

○明治五年、赤志と同行。初て東上す。此比は大坂の出板物「日本外史」「後藤点四書五経」等其他の品、東京にて価倍格に売れ候。亦古本は東京にて二束三文。当地にては数等の価格。此節往来致し居候商人、実に数倍の利益を得たる事に相違なきも、成功したる人は大坂の岡島、東京の吉川両氏なり。

○廃藩の際、飾磨県（元姫路）払物有之由、大坂より七人斗、京都より二人、姫路小川金助周旋にて旧藩校楼上にて競売にせられ候。余も参り候得共、書名等は記臆せず。家老河合先生伝来之品も数多有之候。（大坂大野木宗助、前川善兵衛、赤志忠七、石田和三郎、花井店重助、予、京都辻本、菱嘉）

○我某日親族なる孝橋安兵衛方へ行しに、二男亀次郎四才位之折にて、手に銅印の如き物弄居るを見て之を見れば、豈斗らん、兼而書籍に押有る河合氏の蔵印仁寿山荘なりしかば、大いに驚き、もらゐ受、持帰り今に愛蔵致し居候。若、我の目にかゝらずは古銅の中に交り来候物にて、既につぶしに成る所なりしを、不審儀よ我の目に入りしぞ忝なけれ。

○三木佐助氏の履歴の書たる「玉淵叢話」中の一節を抜萃する。〈削〉

油断大敵といふ言葉の裏面には、注意は最良の味方といふ意味を含んで居りますが、扨其注意の為に意外の利得を獲たといふ一つの実験をお話申しませう。私が支那人へ唐本の売込を致します時分に、本屋の物は無論悉く買ひ廻つて居りましたが、其時古金屋といふ者は随分諸国へ広く出あるく商売ですから、中にはひよつと唐本を買ふ事があるまいものでもないと気が付きましたから、若し漢籍などがあつたら知らして呉れる様にと常々頼んで置きました所が、或時古金商人が御話の唐本とか云ふ物が長堀橋筋清水町西側の反古屋に沢山長州から上つて来ましたから、あれを御買ひなすつてはどうかといふ事を知らせて来ましたので、早速参つて見ますと、唐本や和本の漢籍が沢山ござります。それで直段を聞きますと、和本は十貫目五円、唐本は十貫目二円と申しますから、一議に及ばず買ひ取りましたが、随分沢山な本で何でも大八車に八九台運びました。それを宅で調べ見ますと、その中には「全唐文」とか「通志堂経解」とか云ふ様な珍籍がありました。その本には皆「明倫館蔵書」といふ朱印が押してござりましたが、察する所、其時分は廃藩の際でしたから、諸藩共にさう云ふ物は無暗に売り飛ばして仕舞うて、古金屋や反古屋の手へ渡る様な順になつたのと見えます。其「全唐文」は欠本となつて居りましたれども、「通志堂経解」は全部揃うて居りましたから、是等を目方に積つて見ますと、二十貫目乃至三十貫目の物で反古の代価で積れば五円前後に当ります。それを私が支那人へ売りますのが、大概七十円位でありまして、其外にも尚唐本の珍書が色々ありましたから、此時は大層儲けたのでござります。和本の漢籍類は製本も紙質も共に立派でございましたれど、活して売るよりも反古に売る方が遥に直段がようございましたから、惜しいものとは思ひましたが、二三割だけ撰り抜いた跡は元の反古屋へ売り戻しを致しました。今日から考へて見ますと、何で唐本が其様に安かつたのか実に不思議に思はれる位です。（下略）

○淡路通ひは、愚父が参り升てから十七八年も続て参りました。余は十二才の年、初て愚父に連られ、其後は十七才の年愚父が死去、後年両度宛参りました。其比は和船にて風の都合によると洲本迄四五日かかることも御座りました。一回が壱ケ月又は四十日ばかり滞留いたしました。一新前は他国人入ることが中々やかましく御座りました。森田節斎翁なぞも、河内屋清七父節斎と云名義で、大坂の蔵屋敷で往来切手を申受てまゐられました。明治初年になりまして、国の人も追々他国へ出ますし、商売向も替りましたにつき、遂にまゐらぬ事になりました。

○明治十二年、博物館長町田久成君、伝法井上惣右衛門氏方の古書一見致度由に付、同伴す。嘉納三影君随伴。其中左之二品帝国博物館へ献納の事を周旋す。二三点は町田。

一　新撰字鏡集九冊（法隆寺東□〈?〉八室　跋天治元年五月十一日）

一　一切経音義十冊

右は法隆寺本にて本邦にても最も古き写本也。「新撰字鏡」、後京都鈴鹿家々蔵本の三冊と合して現今博物館の貴重品たり。

○宋槧「寒山詩」（「経籍訪古誌」所載、植村大蔵所蔵）明治廿一年二月、西尾播吉入札に有之。四拾弐円にて買求、東京琳浪閣へ売却す。今ハ野村氏所有歟。

○長谷川延年氏は（徳井町松屋町東エ入南側　寺子師匠）、篆刻は前川虚舟の門にて「博愛堂印譜」之著あり（此摸印、八尾木村氏蔵）。博識家の隠君子也。予、幼少之比、度々面会之事あり。

著　博愛堂印譜　十四冊

　博愛堂雑話　二十冊斗（平瀬家蔵）

　同見聞雑記　三百冊（河内柏原樫本源兵衛蔵）

晩年河内八尾近傍にて八拾余歳にて没せらる。

○足利文庫、明治□年□月、商用旁々上京之節、親戚吉田省三及老母と共に上州伊香保温泉へ行。帰途余壱人日光へ社参。瀧廻り志の処、急に思ゐ立見合、足利へ行。一泊して学校及古書を見る事を得たり。其記事「書籍月報」第□号に記載す。

○正倉院御物は、明治九年南都大仏殿にて博覧会開設之節、陳列有て（印刷目録所持す）拝見候事有之。同十二年、町田館長奈良出張之節、或る寺院にて調査中、夫是拝見候事も有之。何時に而も拝観と心得候所、其後縦覧不叶相成。爾来、奈良、大坂府等の手を経て出願候得共、聞届不相成。実に遺憾之至りなり。其比、奈良の骨董商岡喜市方にて、天平鉾を弐本獲、壱本は富岡鉄斎先生之任乞相譲り、尚壱本今に秘蔵す。因に記す、東大寺尊勝院に古写経数千巻存在す。明治三十年古沢滋知事之比、宮内省へ献上に付、取調相成趣、属官野淵氏より通知有之候に付、取出で拝見す。
○余の御祭り仕事に従事したる事　商法会議所委員として左に、
明治□年、伊藤博文大使、朝鮮事件より延いて、支那と談判帰朝の折、泉布観にて饗応。

同□年、黒田大使、西郷副使、朝鮮事件帰途歓迎。同泉布観にて饗応す。

同十□年、両陛下行幸に付、偕行社行在所に定められ、同楼上に古器物陳列。同所広前にて能楽天覧。茨木近傍にて操練天覧。高槻停車場にて小川□□之鞠乗を天覧に入候処、叡感あつて、尚一曲御望に成る。

此時、余の周旋にて此芸を演ず小川に、屋上に揚る日章旗二流に添へて感謝状を遣。其後、西国筋興行に廻り、大に喝釆を得、多額の報酬を得、帰坂して湖月堂の菓子店を開く。其恩義を思ひ、同人生涯盆正月之礼に来る。〈「大坂紳士」で見ること〉

同□年、五代友厚卒せられ、其の葬儀を斡旋す。大坂にては初ての盛大なる神祭にて、儀仗兵も此の時始めて附せらる。

同廿三年、憲法発布式。中ノ嶋自由亭にて盛大の宴会を催す。以上、五会は於当地前後未曽有の盛況なり。
○松岡調氏、元讃岐国志渡〈?〉之神官にして、維新後、琴平宮祠官として永年勤続す。明治廿八年、遼東還附之件に付、建白云々にて職を去り、其後播州一宮宮司又は讃岐国田村神社の宮司に補せられ、

明治卅七年十二月十五日、八十余歳を以て歿せらる。国典に通じ、又絵画を善くせらる考古学者也

著述

讃岐国宮社考証　三冊刊

讃岐名所補図

〇二十八年十月、平瀬露香大人に伴ひ、山城国醍醐三宝院に到り、左の什物拝見候。

過去現在因果経第三の巻

男色絵巻物

〇尾張名古屋大須真福寺は、廿九年一月二日北畠男爵随行、古書拝観す。其目録左に

宝生院図書目録　廿三冊（内十七巻目尤有益）

古事記　三冊（応安年間僧賢瑜書）

琱玉集　二巻（天平十九年裏書古暦）

将門記　一巻

漢書第四巻食貨志　一巻

日本霊異記中　一巻（上巻高野山に有りと云）

東大寺具書　五巻

高官盗人闖入怪異事　一巻（元応元年庚申）

新楽府略意第七巻目　壱巻

本朝詩合　一巻（文治二年）
倭名類字抄
口遊　一冊
異本水鏡残欠
紹聖新添周易神殺暦　一軸
新彫双金（序皇宗　景徳四年）
逸書（欠書名　此書似文鳳抄、未詳其名）
以上

○尾張名古屋真福寺は、もと美濃大須にありしを移したる寺にて、開山能信上人、文和の比の人にて、伊勢斎宮、慈恩寺、仏通称寺と懇意なりしより、慈恩等の文書を能信上人へおくりしゆへ、神書をおほく伝へて大須文庫にあり。又南都東大寺にもよしみありて、彼寺よりかりしが、年経て其のまゝ文庫に伝へたりと、当住寺、予に語れり云々。（橋本常亮「橘窓自語」抜萃）〈或はとるか〉

○九州行。三十一年六月十一日、鹿児島へ商用有て往は、川口より気船に乗込、鹿児島へ着。三日滞在。帰途米の津より熊本（二日滞在）、久留米、福岡、太宰府廻り、同月廿四日帰宅。此行二週間（一日百里斗割）荷物惣計十五箇斗買得たり。右巡行中、薩摩国阿久根白浜某と云士族有り。先代広島県書記官之由。在職中写されし「芸備国郡志」八十五冊（頼杏坪著）、原本は頼春水先生自書之由。

買得後、帝国図書館へ納む。
○諸家住居（余の知りゐたる）
萩原広道（北江戸堀犬斎橋北詰東エ入北側。後土佐堀筑前橋南詰東エ入浜側。此所先生終。但し蔵書類、其後鹿児島へ持帰り、十年後焼失す）
中島広足（内北浜堺筋西北角。三ケ年斗住す）
熊谷直好（堺筋今橋南エ入東側。高木五兵衛氏構の内）
近藤芳樹（長堀難波橋浜。丹波屋隠居）
殿村茂済（今宮村名護町南エ行当り。別荘。当所前河太郎住家と云）
伊達千広（夕日岡）
佐々木春夫（玉造岡山町又ハ服見村〔鶴橋村〕。後伏見町丼池角。隠居して終る）
西田直養（中の島湊橋。小倉藩邸）
大隈言道（天満当時若松町難波橋二丁西北エ入）
山川正宣（米屋町八百や町北小路。本宅は池田）
黒沢翁満（堂島大江橋西ノ辻。忍藩邸）
篠崎小竹（今橋魚の棚南側、後竹陰先生の代となりて南江戸堀大目橋東エ入）
後藤松陰（梶木町御霊筋西エ入南）

安藤秋里（中の島大江橋南詰西。今日本銀行）
奥野小山（嶋町骨屋町東エ入南側）
広瀬旭荘（伏見町心斎橋東エ入北側）
暁鐘成（難波鉄眼寺前角、後籠屋町西横堀西エ入）
松川半山（道修町淀屋橋東入南）
松浦琴鶴（心斎橋周防町南エ入東側）
池内陶所（今橋井池西エ入北側。於此所殺害。同氏二都遂放、後大阪へ来り、松田庄助世話にて北久宝寺町の同人宅へ潜伏）
二代目暁鐘成（北江戸堀西北橋北詰東エ入。小橋屋六兵衛と云薬舗）
孤月庵自仙（三番村に住）
伴林光平（薩摩堀広教寺へ止宿）
長谷川延年（常盤町松屋町東エ入。手習子や）〈徳井町か常磐町か決定のこと〉
田能村小虎（高麗橋栴檀の木東エ入南）
○梅田宗庵、姓後藤、普門院と云。梅田三昧の住職にて読書家。蔵書数万巻有り。後甥の竹軒氏相続す。同氏維新後、道具商を営む。
○安政の比、新町扇屋四郎兵衛より古本売却申来候。愚父不在中にて、其後、敦賀屋為七へ買取候よし。唐本古法帖類数多有之候よし。流石旧家。か程残念なること無由、いつも愚父語り居候。

○維新後、山中氏（鴻池分家、南側と云）蔵書桐本箱十八畳座敷四方二段に積り、其価僅に百円斗。実に下値の物也。

○同じ比、高木五兵衛（平五と云）蔵書自宅にて競売に相成。其比、余年少にて不買得候。大塩の伝来唐本類数多有り。「全唐文」此時初て一見致候。

○江森氏平孫は矢張平五の別家にして、先代は森川竹窓知己にて、蒹葭堂之伝来書籍数多あり。前年中村弥七へ買取に相成候（二三部の書は余も所持せり）。

○和田氏辰巳屋、同家の書籍も維新の比、浅井吉兵衛買取候。唐本類外題は悉く森川竹窓題簽なり。美麗の仕立にて往々今も見る所也。

書籍買物功敗録

○維新早々南都東大寺、興福寺等の諸坊復飾に付、仏書売払沢山あり。余、仏書には不得意に付、京都書肆菱屋と申人連れ買に順ひ、仏書の同人へ転売、其数不少。〈削る〉

○同七年の比、高野山より仏書類凡五百貫目斗持来り、商船会社の（此比未社名あらず）浜地へ積上る。前川へ引合、同家前明家にて荷解選り、過半反古や売り、其他市出し。今日になると実に残念。

○同年比、紀州熊野本宮の傍、相川と申所に売本の事、敷田先生方へ事申来候。岡田為助同行。高野山辺より十津川郷へ入り、五日目に同所へ達し、若干の古本買（経世八編等あり）。夫より三山を巡り帰坂す。此行愉快。

○谷三山先生は、前にもいへる如く、大和八木豪商倉橋やと云油商なり（本家河内屋新次郎出入す）。先生歿後、唐本遺書を売却の事を、県令税所子爵聞及ばれ、佐々木惣四郎氏代（今の山田茂助氏）を遺し、郡長へ紹介を以て譲り受を被命、其評価を谷家より余へ申来る。然るに其後、税所公にて不用物及重複の品を払下に相成。其比、漢書下落之時勢に付、当地松村、赤志、松田等申誘ひ（中川勘助、北村庄助も加る）、及佐々木氏と都合七名にて原価より二割引にて買求。於松村宅、原価付の入札いたし、案外之高価に売れ候。其翌日、東京野村銀治郎、不斗来坂。右物品二割附にて過半持去る。入札帳保存あり。但し普通和本写本の類は、後郡山中学校へ入る。

○木村庸氏は伊予松山旧家（「十旬花月帖」持主）。唐本類は明治三四年の比、岡田為助之を買求。後廿五年図書類売却申来り、同年十二月下旬、数日滞在。買取事を得る。其目録別冊に有り。

○宇田淵先生、京都書林文石堂死後、愛顧を受。三十三年の比、蔵書取調を被命、上京。聖護院村同氏邸内文庫中にて日々取調。其比平安宮に神祭あり。比は小春、地は洛東、美麗の本を詠め、窓前には黒谷真如堂等を望。亦夜は平瀬露香君上京中にて、木屋町大嘉楼へ参り止宿す等、其愉快、生涯に亦とあるべくとも不思。其節、数百部斗買受、其後数度申受候（目録別冊にあり）。京都には名書肆も数人あるに、不肖に先生の厚意、子孫不可忘の恩義と相心得候。墓有。洛東神楽岡。

○古沢滋氏。立憲政党新聞従事中、西横堀に寓せらる。或る日突然入来。故有て蔵書俄に売却すとの事被申来。夕刻出て壱纏に求む。唐本のみ也。其節淡路町堺卯楼元宅にて入札す。古本入札の出会《でぐわい》、之れ初て也。盛会思ふべし。

○同氏知事休職後、再東京より蔵書売却事被申越。上京直入、凡壱千円近く、又田中文求堂も同様にて上京。然るに直段不折合か、弐百円斗也。〈削る〉

○余は本屋の家に生れ、書肆探るべき仕事は一通り何でも行て見た（露店丈は知らぬ）。其比は貸本にて、十歳の比より貸本背追、得意を荷廻りなした。殊更正月は元日より廻り、二日朝は評判記、芝居本等の配達をする。十四五才の比より貸本を止め、売本斗成り、老父死去後、十七才比、淡路へ出稼ぎした。心斎橋へ転居後、出板ものに従事し、伊予辺迄取次売もした。夫より教科書も少々手を出し、修身児訓、䌓刻、習字本等の運動もした。後ち、古本専らとして市屋もして見た。仍而一通り行た。明治初年には「日新真事志」「報知新聞」等、東京新聞の取次もした。

○前項も記した「内外新聞」等の発刊も、この「大坂朝日新聞」北尾島三郎大売捌に付、村山龍平君親しき間柄に付、北尾を取引上、種々交渉周旋もした。「大坂毎日新聞」発行後、其比支配人兼松房治郎君之依頼にて、書林にて販売店置度との事に付、岡島真七氏適当と見て同人媒介して同真七手代惣助、屢交渉之上、於灘万楼、兼松氏四人立合契約成立た。随分新聞志上に聊関係を持たと思ふ。〈前の記事へつける〉

○旧主河内屋新治郎（岡田積小館）、大坂にて有名の書肆にて、専ら唐本を扱素人客を目的とした。其内重なる得意は、大坂城代、同加番、同大番、両町奉行。諸藩蔵屋敷向は土佐、因州、浜松、雲州、岡、佐伯、杵築、薩摩、浜田、土浦。其他儒者医師等なり。主家は三代目新次郎にて廃業す。〈或は前へつける〉

○名附親、我河内屋の屋号は本家よりノレンにもろうたる。鹿田は、元播州志方村出にて、春陽軒墓にも志方屋清五郎とあり。先代鹿田と改む。静七は余に成て改たり。松雲堂は弘化二年、篠崎小竹先生額字賜所。同じ比、秋田屋治助と申書林、江戸市河米庵先生より授りしも同松雲堂なりしとて、東西暗合妙と唱居候よし。名乗ハ好文《よしあや》、俳名文好、義太夫にて文化と云。亦古丼は、富岡百錬先生の名附られしなり。〈大坂の書林〉

○奈良県四條知事之折、参事津村正直氏にて「なら新聞」発行之企あり。編輯前田横塘氏にて余へ出板被命。其遣り方面白し。前田氏にて草稿出来れば持帰り、板下にて校合彫刻の上、仮綴にて製本して、闇峠荷ない為持遣る。一ケ月二回発行。草稿より発行迄一ケ月を要す。而して管下人民義務購読なり。県費にて配賦か。

　其文中に左の記事あり。県庁人民控所に尓今願伺届等十字限り之事と掲示相成を、或る神官見て、維新便利の折とても十字にて書くとは扨々可出来得事にあらずと不平申候由。此節、時は字と書しつなり。〈前へつける〉

○森川清蔭氏は、京都西陣の商家にして好事家の聞へ高きも、未だ面識とてなかりしが、三十六年四月、古書展覧会を催により、所蔵さるる珍籍借用之為同家に到り、初めて面会す。一見旧知の如く歓談致せり。後数月ならずして病歿されしが、遺言により、予に其遺書売却すべき趣にて子息来談あり。評価の上、全部申請たり。其厚意忘るべからず。内に「正平板論語」（有跋本）あり。時に大阪図書館工成りて開館さる。即ち紀念として此書を寄贈す。内藤湖南先生に撰書を御依嘱し、左の記文を巻末に書す。

正平板論語集解四本為平安森川清蔭旧笈今茲春清蔭歿予購得之蓋其遺志也此歳冬大阪図書館告竣乃挙贈以為紀念庶幾清蔭好古之名因以不朽而予然与有栄焉云

明治三十六年十二月　鹿田静七

○澄川拙三氏は、山口県萩の藩士にして、教部省に奉職され、後検事として大阪に赴任せらる。もと梁川星巌先生の門下にして非常なる愛書家なり。日々高津の居宅より中之島なる裁判所へ往復の都度、必ず立寄らる。当時二十四五年頃とて、我が家にて古本目録を月々発行せし当時とて盛に古書の出たる時なれば、時には朝夕訪問買上らるる事もありし。されば其蔵書の富は夥しく、趣味も博ければ、唐本和本の経史詩文集はもとより、国典和歌俳書より仏書法帖稗史小説に至る迄、如何なるものにても珍籍なれば購入されたり。後辞職後京都に移り、大徳寺の傍なる桜木町に住さる。三十三年、卒中病にて卒せられしは惜むべし。三年の後、文求堂と両人にて遺愛書全部買得す。文求方にて各先生方の縦覧に供し、同業間の入札に附す。部数千部、各珍奇のものとて早朝より夜に入るも終へず。遂に徹夜をなし、翌朝六時頃漸々大略終了せり。後又大阪にて尚一回売立をなしたり。右蔵書総て蔵印なき故、其何れかを認めがたきも、今も往々表紙右の上に少なる貼紙をなし、符号の如きを書せるはそれなり。

附記　先生書籍の外に書画珍器類も多数愛玩されしが、内に石川丈山書「餘霞亭」なる木彫扁額一面あり。予特にこひ請て今珍蔵す。

名古屋の書舗大惣は有名なる貸本屋にして、其蔵書斯業間全国第一の称あり。時勢之変遷上、旧来の貸本書売却の議あり。明治三十一年夏、東京よりの帰途立寄一見す。各稗史小説、名所記もの等、所謂軟派のもののみにて大なる書庫二棟に充満す。殆ど四日間を要して其大略を取調べ、評価す。後十二月に至り、直上の事申来る。但し価より何分非常の大かさ故、其置き場所にすら困じはて、躊躇再考中、同時、税所家蔵書売却の事あり。双方一時に斡旋し難く、遂に此方を断念せり。後、東京弘文館外数氏にて買得、其多くは帝国図書館及京都大学図書館へ納入せりと云。これ予の今に於て尤も遺憾に思ふ処なり。

前項にいへる三十一年の末、税所子爵家より貴重なる多数の唐本類等買約の事あり。同年夏予九州に旅行し、鹿児島にて同家につき聞及ぶ事あり。後、十二月に至り書庫所在地なる和泉大鳥郡市村なる同家の別墅に到り、取調ぶ。もと此別墅は、隠士一路居士の旧跡にて、三百年間禅刹として保存されしを、維新後、税所氏購入されしものにて、当時近傍なる大鳥神社に司官たりし富岡鉄斎先生の勧誘にて文庫とせられしものにて、丘陵の半腹に築かれ、西北は茅海に接し、東南紀和の山を望み、頗る絶勝の地なり。又蔵書は多く大和谷三山先生の旧蔵にかゝるもの、又春日潜庵の遺書及富岡先生より寄せられしもの多しと云ふ。この三山先生は篤学にて有名なる蔵書家なりし事とて、唐本其他にも奇書珍籍頗る多く、佐伯文庫、岸藩文庫等の蔵印あるものなど当時稀に覯るもの極て夥し。右取調の後、売却の議決し、翌三十二年一月二十二日書籍事務所に顧客各位の展覧に供し、二十三日同業間の入札にて売却す。此時東京より書舗斎藤謙蔵、横尾卯之助氏其他全国より同業の人々来会する人多く、実に当時未曾有の盛況なりし。此以前迄、唐本類は一時売行も盛ならず、さ迄高価ならざりしも、此入札より一期を画し、間もなく楽善堂以来中絶せし新渡本の再び陸続来るあり。又古唐本の良書も輸入せらるる事となりし。

○明治三十四年、蒹葭堂木村世粛先生之百年忌にあたる。予平生同翁を追慕するや久し。その墓碑は東区山小橋の大応寺に儼存すれど、子孫の所在不明にて、曾て静岡に居らるゝ由聞きて東上の序、尋ね求めしも何等の手がかりもなく空しく止みにしぞ遺憾なりし。こゝに三月十日、当地有名の紳士、磯野丹州、多治見春谷、田村友松、村山香雪、上野有竹、花月庵一窓、藤田蘆庵、平瀬露香の八家、芳川笛村、寺西易堂両先生、其他山中春篁堂、正木万春堂等の賛成補助を乞ひ、書籍商事務所にて追薦会を開きたり。一室に谷文晁先生の筆になれる翁の小照を掛け、堀江の故宅なる井戸より蒹葭水を汲て供し、展覧席には諸家秘蔵の翁の筆蹟及遺愛品たる書画、器玩、書籍等数十百点を陳列したり。何れも翁の博物尚古を偶しむるものたり。この日来会の雅客無慮五百余人。翁の旧事を語り、その風流を想て時の移るを覚へざりけり。この時の展覧目録に蒹葭堂の記及贈編を編して小冊子となし、「蒹葭堂誌」と題し、嵩山堂青木氏に托して印形せり。

我が本家河内屋新次郎氏は、唐本類を広く取扱ひ、諸藩邸及諸大家へ出入せし故、大塩中斎先生にも眷顧をうけ、彼の蔵書を売払て貧民に施米せし節、事に携りし三書舗の内の一人なるが、右等の縁故より、予常々その義挙の為に殉じ、一家全滅して香華を手向るの墓碑すらなきを歎き、三十二年頃、当時生存せらるゝ唯一の門人田能村直入先生と謀り、大塩家の菩提所たる天満成正寺へ建碑せんと草間時福、久松定憲、本山彦一、外山忠三の諸氏其他有志者の醵金を仰ぎ、墓銘は直入先生自ら書せられ、予諸事を斡旋して同三月落成し、先世□斎先生の墓側に墓石を建立して宿志をはたせり。

○尾崎雅嘉先生の墓所は、天王寺の北なる、口縄坂春陽軒にある事は「浪花名家墓所集」等にも記しあれど、墓碑の所在明かならず。この春陽軒は我が家の菩提寺なれば、寺僧にも尋ね、記録等も取調れど、子孫も絶しや久しく参拝の者もなきよしにて、捜索もせんすべなかりしが、ある時、寺内の竹藪の内なる倒れたる無縁碑の中に墓石のあるを発見せられしにより、明治二十五年、同志と詢り、本堂の西南角に新に台石を設けて再建し、成就の後、祭典を営み、いさゝか泉下の霊を慰めたり。爾来、命日には香華を手向居れり。

祖父清七　開業天保十四年卯閏九月十八日

父　静七　弘化三年十月一日、北久太郎町四丁目生る。

　十二才始めて淡路島へ行。

　十七歳《文久二年か》にて父清七を失ふ。此頃より淡路へ年二回位づゝ行。

　廿五才《明治三年か》心斎橋安土町南入へ移転。新刊教科書等取扱。

明治六年頃、清七を静七と改。

二十三年書籍月報発行。

二十六年安土町東へ入へ移転。此時より専ら古本営業。新本店は店員へ任す。

明治三十八年八月十三日午後一時逝去。年六十。

　　合点して嵐待つ間のさくら哉

　五月雨やさてもきまつて降る物を

明治十二年月不詳、大阪商法会議所書籍商仲間選出議員として出席す。

明治二十三年十二月、東区淡路町三丁目外、十七ケ町区会議員に当撰し（区会議長代理に当選）改選委任引続き現今に至る。〈この履歴書は何年何月のものか〉

明治二十六年六月、東区船場尋常小学校設置員、担区学編委員（委員長となる）に当選、改選委任現今に至る。

〔参考1〕太田臨一郎「日本古書通信」第三〇八号〔昭和四十四年十二月十五日〕**記載「付記」抜萃**（一部修訂）

▽「書籍月報」は、本文にもある通り、明治二十三年創刊され、明治四十二年四月巻之七十四以後「古典聚目」と改題、廃刊の直前に「古典」と改めたが、四六判を少し小形にした体裁は殆ど変らなかつた。慶応義塾図書館の幸田文庫には巻之二から、昭和十八年百五十三号まで保存されてあるが、その辺が終焉だつたのであろう。販売目録ではあつても、時として「徳川時代における小説の出版書肆」「長沢伴雄の旧蔵書」のような記事もあり、明治二十六年の巻之三十三には、宇田淵、富岡百錬〔鉄斎〕主催で、稀覯書を持寄つて柳池学校で催した図書会の紹介がある。鉄斎先生は、ひいきにしておられたと見えて、文章を守る魁星像を描いて巻頭を飾つたこともあり、鹿田古井翁肖照として肖像を描いて贈られたこともあり、その画は大正十四年十一月の百号記念号に複写して収められているが、普通見る鉄斎先生の画風に似ず、極めて写実的な図であるのも珍しい。この百号には内藤虎次郎、大槻如電、磯野惟秋、幸田成友、今井貫一、亀田次郎の諸氏が、それぞれ祝辞を寄せているが、その中の一つの湖南先生の終りのところを、当時の書店主と顧客との親しい間柄が偲ばれるから、お目にかける。（略　本書一一〇頁参照）

▽翁は明治十一年、大阪商工会議所創立と共に書籍組合を代表して議員となつていたが、明治十二年に慶応系の学者・実業家によつて創立せられ、今日なお一流のクラブに数えられている交詢社にも早くから入社されていたとみえて、当時の会員名籍に氏名が載つている。共に業界人の地位を高めるに役立つたことと思う。

▽松泉堂中尾氏は、その後五代目鹿田章太郎に問い合わせ、家系その他を教示せられたので左に録する。

三代目は渡辺（補　岩﨑の誤）という公卿の家から養子となつた人で餘霞と号した。（石川丈山書餘霞亭の額からとつたものか）四代目文一郎氏の実弟武二氏は心斎橋筋順慶町に支店を出していたが、終戦後五年ごろに病没した。「大阪古書街の思い出」の戦死説は誤り（補　昭和三十一年四月四日、満五十二歳で歿）。五代目章太郎氏は前述のように朝日新聞社に勤務、大阪市阿部野区幡磨町に現住されている。

▽古井の号の出典は、本文には富岡鉄斎先生の名附けらるる所とあるが、章太郎氏からの聞書には、安土町近くのどぶ池からというのと篠崎小竹先生から贈られた古物の丼を愛玩としていたからというのと二説あるという。どぶ池が近くにあり、古丼を愛玩していたこともあつて鉄斎先生が名附けられたことでもあろうか。

▽中尾松泉堂と沖森書店の先代は従兄弟で共に伊賀上野の出身であつた。中尾の先代は一番番頭

をつとめた人で、今日でも中尾家は鹿田家を本家と呼んでいる。
▽昭和十四年刊の「東区史」の第五巻の「先覚者」の章に「鹿田静七」の項目があり、「思ゐ出の記」と内容は大体同様ながら、翁の人となりをよく伝えている。
▽本文の初めの方にでてくる敷田年治大人は国学者で謹厳な先生のように想像されるが、たまま「敷田年治翁伝」を披見したところ、「門真の奇事」と題するおかしな長歌があったから、事のついでにご紹介する。歌中の几河内は、（おおしこうち）、門真は（かどま）とよむ。地名まで出ているのであるから、本当にあったことであろうか。

凡河内、門真の里に、え男と名におふ人は、よろし女を、よめに契らし、たらし日の、今日の生日と、網島の鮒屋にむかへ、祝言も、事をへぬれば、閨のうちに、二人入りをり、くなかひも、いまだ果てぬに、軒端より、飛て来るらむ、くま蜂に、ふぐりさゝれぬ、いすゝきて、あなやとこそは、立をとりたれ

（参考2）幸田成友「鹿田静七翁小伝」（「書籍月報」第六九号、明治三十八年十一月二十七日）

松雲堂主人鹿田静七翁、幼名は文吉、文好古丼等の別号あり、弘化三年十月一日、大阪北久太郎町四丁目に生る、父清七君（河内屋と称す）天保十四年以来貸本業を営みしかば、翁も十歳前後の頃より家業を助けて貸本の配達に従ひ、『殊更正月は元日より廻り、二日朝は評判記芝居本

等の配達』に忙しかりきといふ、然るに父君貸本業を廃し、古書の売買を専業としてより、二三年にして歿し、一家経営の大任は、齢未だ弱冠に至らざる翁が双肩に懸りぬ、

翁母氏丸尾氏に奉侍すること頗る厚し、曾て余に告げて曰く、父歿せし時余僅に十七、而して二幼妹あり、我母二妹を愛撫し、又予を督励して業に勉めしむ、松雲堂の今日あるは実に我母の賜なりと、丸尾氏もと篠崎小竹先生の家に仕ふ、小竹清七君を愛し、為に介して丸尾氏を娶らしむ。松雲堂の号は小竹の撰み与ふる所にして、松雲堂が淡路全国の読書家を顧客とするに至りしも、亦小竹の紹介に因れり、翁十二歳の時、甫めて父君に従ひて淡路に赴き、父君歿後は毎年二回淡路に往きて商用を弁じ、一回の逗留三十日乃至四十日に亙るを例とせり、

王政維新の大変化は百事旧制を墨守する能はざらしむ、明治三年居を安土町心斎橋通に構へ、古書の売買と新著の出版販売とを兼ね営みしが、翁の古典を嗜好するは、天性に出づと称すべく、商用の為、四国に、中国に、九州に、又東京に奔走するに当り、忙中間を偸みて足利学校真福寺其他巨刹名家の蔵本を閲覧し、見聞を博むるを以て楽とせり、かるが故に明治二十六年安土町四丁目に移るに及び、出版事業を悉く店員某々に委托し、自ら全力を古典の蒐集販売に傾注せしが、其効果は同二十三年に初号を発兌したる書籍月報に顕はれ、月報は斯時以来著しき進歩を為せり、古典書肆にして発売書目を刊行せしもの、前後二三に止まらずと雖も、明治二十三年以来連続して今日に至るは、独り松雲堂発兌の書籍月報あるのみ、海内の読書家、浪華に松雲堂あるを知り、

足一たび大阪に入れば、必ず之を訪はざるは莫し、亦栄ならずとせんや、

翁人と為り誠実義侠、酬恩報徳の挙、扶弱輔幼の実、枚挙するに遑あらず。交遊極めて広く、一たび翁を知る者は、皆翁を愛し、翁を重んず、明治十一年大阪商法会議所成るや、書籍商組合を代表して其議員と為り、書籍商取締としては多年同業者間の利益を増進し、又区内淡路町三丁目外十七ケ町の聯合区議員及学務委員としては勤続二十五年に及べり、其他大塩中斎、尾崎雅嘉、萩原広道、木村蒹葭堂、山川正宣等諸名家の薦事を行ひ、建碑を首唱し、数々図書展覧会を開きて埋没せる古典の真価を発揚し、又大阪史談会保古会を創立して旧時の保存を図る等、功績一にして足らず。就中留意すべきは、翁が我大阪に於て最も古く新聞雑誌の発行販売業を営みし事とす、即ち四條奈良県知事の時、県庁の内命を受け、毎月二回半紙仮綴の雑誌を発刊し、大阪府知事後藤象次郎参事陸奥陽之助氏等の勧諭により、親戚忠雅堂赤志忠七氏と、内外新聞の刊行売捌に従ひ、（七号にて廃刊）何礼之田中芳男氏等の翻訳文を集めたる明治月刊を出版し、又赤志氏と協力して中外新聞の売捌に奔走せる事等是なり、翁が病中の手記にも『新聞紙上にいさゝか関係を持つたと思ふ』とあり、いさゝかの四字は蓋し謙遜に出でたるものなるべし。去歳臘月書籍商組合が翁に呈せし感謝状の一節に『思ふに、他日浪華の文学史を編するものあらば、君の事歴は必ず其幾頁を埋むるならん』とあるは、決して溢美にあらざるなり、

去夏翁疾を獲しや、一切の店務を令嗣伸四郎君に譲り、優遊自適し、殆ど世事を顧みざりしか

ど、親戚故旧に対する情誼は愈々厚く、又自ら往事を追懐して思ひ出の記一篇を作れり、（本伝は主として之に因る）翁今春再び起つべからざるを知り、口占して曰く、

合点して嵐待つ間のさくら哉

五月雨やさてもきまつて降るものを

是歳八月十三日竟に逝く、越えて二日長柄に荼毘に附し、骨を春陽軒に葬る、大阪及び近畿の諸名流多く其葬に会せり、享年六十、自ら諡して釈古井といふ、

明治三十八年十一月　　辱知　幸田成友記

（句読点を適宜補った）

資料９　幸田成友宛三代静七書簡

毛筆書簡一通。「初代鹿田静七氏と書籍月報」（『凡人の半生』共立書房、昭和二十三年四月二十五日）に拠れば、「初代が晩年病中に記した『思出の記』を自分が手写した仮綴本の中に、それを出版したいといふ計画を書いた二代（注―三代）の手紙を発見し」とある。明治三十八年（一九〇五）八月十三日に古井逝去後、その出版計画が三代によって示されていたのであった。書翰中にみられる「東上中は何分年末とて」「此次東上候節」といった言葉を忖度すれば、明治四十二年大阪市史編纂係が解散、翌四

十三年九月に慶應義塾大学部講師に着任し、成友は大阪の地を離れる。それ以降のことであろうか。年末に東上した三代が、以前「鹿田静七翁小伝」（「書籍月報」第六九号、明治三十八年十一月二十七日）を執筆し、『思ゐ出の記』を見ていた成友に届くよう、「亡父遺稿思出記一冊」を千門堂氏へ相託し、成友の門下生などに校訂してもらいたいと願い出ている。書籍となすにあたっての腹案項目に「明治書価表具」とあり、あるいは已に大正期に這入っていたか。「非売品」との記述もあり、法要や同業者などへの配り本を考えていたのだろう。

拝啓。酷寒之折柄、愈御佳適奉賀候。此内東上中は何分年末とて心忙敷致居、親敷御話承り候暇も無之、誠に立話とて失礼万謝之至に候。其節申上候処之粗品並に亡父遺稿思出記一冊千門堂氏へ相托し置候。御序之時の事と奉存候。就ては右遺稿之義、何卒御手隙に御一閲被下御意見承り申度奉存候。小生の所存にては、先生の御門下生の御方にても文字の誤及かな遺句読等御訂正被下御清書被下、然る上先生之御校閲を請度心存に御座候。又談記事は小生の存じ居候事は余り記し居不申候につき、尚亡父の残したる逸話又勤事上之加べき事数ケ条有之、右は其内仰の書類にて御追送可仕候心算に御座候。尚書物刊行の節順序等之義、一寸乍序腹按申上置候。此又御意見御教示願上度候。

古丼遺稿思ひ出之記　附明治書価表具

肖像　富岡鉄斎先生賛及画写真版
小伝　先年先生の御作被下候分、願くは御署名被下度候
序文　此日内藤先生若し御快諾被下候は願候心算仰の御方々は恐縮につき願出不申候所存
本文
跋　不肖不文ながら

――この間へ紙を入れ候て

明治書価表具
例言
本文
此跋序トルなき方よろしからんか
右の如きものにて活字半紙本形凡薄き洋紙の和装形又ハ並返洋紙四五十枚位にて非売品（勿論買人は無之ならんも）として発行致度所存に御座候。又発行は可成早々致度奉存候。此安《ママ》御了承被下御意見之程偏に御教示奉願上候　頓首

十二月廿七日

静七

幸田先生
御侍史

乍末筆奥様へよろしく御鳳声被下度候。此次東上候節御拝眉万残申上候。

三代松雲堂　鹿田静七

資料10　「書籍月報」改め「古典聚目」巻頭挨拶文

「書籍月報」第七四号より、「古典聚目」第七四号へと改題された。記載すべき書籍蒐集に困難をきわめ、「月報」との題に齟齬を来したことに拠る。本号には朱字にて富岡鉄斎が寄せた漢詩が掲載されるとともに、以後用いられる「古典聚目」の題字も鉄斎が揮毫する。

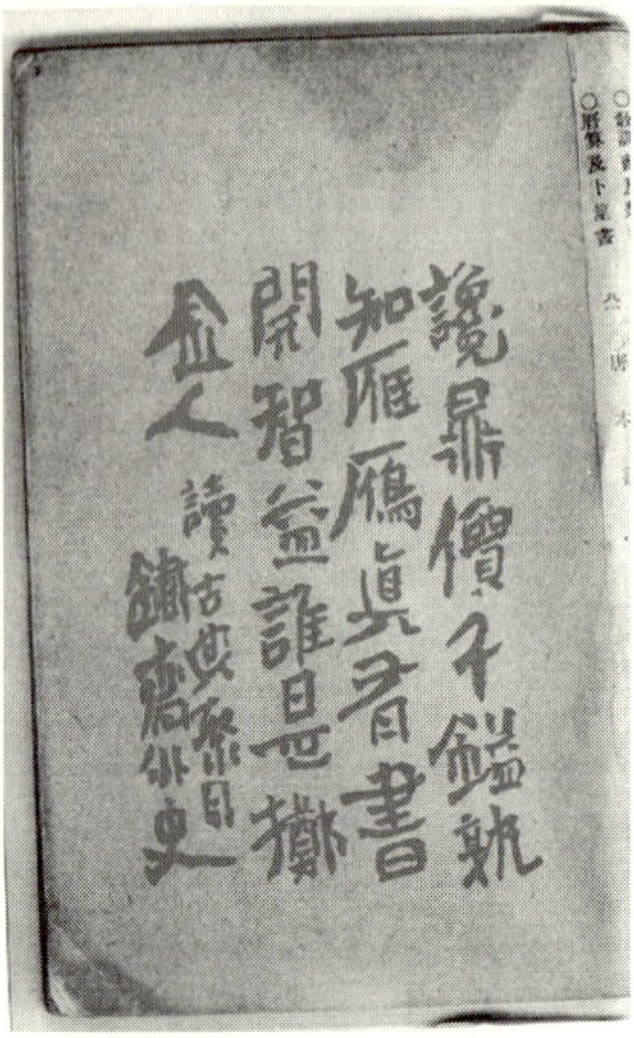

鉄斎外史「読古典聚目」

春暖之候大方諸彦益御清栄奉賀候偖去る明治二十三年五月第一号を発行仕候書籍月報義愛顧各位の御高庇により連続茲に二十年の星霜を経て号を重ぬる七十三に達し申候此間文運の隆盛と時勢の変遷は記載材料の蒐輯につき漸次困難と相成当初の計画たる月報は隔月となり三月となり遂には数ケ月の間隙を相生じ候義にて其月報の名に背き候段深く遺憾に奉存候右に付可成復

旧を講じ不肖ながら東西に奔走致し時には清国に渡り燕京蘇杭の間に往来の致す等全力を濺ぎ旧書の採索につとめ候も如何せん古書の欠乏は日に月に甚敷御顧客の激増と相反比致し重価をかけて蒐輯に奮励仕候も力及不申さる次第に御座候就ては今回右書籍月報を古典聚目と改題仕一層記載材料に力を尽し紙数を増加し種々の珍籍奇書を相蒐め時々刊行の上御高覧に供し候段何卒倍旧の御引立被下陸続御註文の程奉願上候

頓首

明治四十二年四月

松雲堂主人　静七　敬白

（「書籍月報」改め「古典聚目」第七四号　明治四十二年四月十五日）

資料11　「古典聚目」第百号発刊　大家祝詞ならびに静七挨拶

大正十四年（一九二五）十一月に発行された「古典聚目」は、明治二十三年（一八九〇）五月の「書籍月報」第一号刊行以来、通巻百号にあたる。それを祝し松雲堂の華客の大家六名より祝詞をいただいた。

のみならず大正十三年十二月三十一日に亡くなった富岡鉄斎からの手簡二通と鉄斎画賛「鹿田古井肖像」を掲げる。古典籍の目録は総一五〇頁に及び、巻末に静七の挨拶（稟告）を挙げる。今回の掲出内容を、以下仮に枝番号を付し見出しとして纏めておく。

（1）「富岡鉄斎先生手簡　古典聚目第百号発刊について」二通ならびに静七附記
（2）「富岡鉄斎先生画並賛　鹿田古井（先代静七）肖像」
（3）諸大家祝詞　巻頭「松雲堂主人敬白」・内藤虎次郎・大槻如電（大正十四年乙丑中秋）・磯野惟秋（大正十四年十月）・幸田成友（大正十四年十月）・今井貫一（大正十四年十月大阪府立図書館に於て）・亀田次郎（大正十四年十月十六日夜稿）
（4）松雲堂鹿田静七挨拶（「稟告」大正十四年十月）

古井（先代静七）肖像は、明治三十七年八月、五十九歳の時に船場の磯谷久磨二写真館で撮影した写真をもとに描かれている。ちなみに諸大家祝詞のうち内藤虎次郎こと内藤湖南の祝詞は神田喜一郎『敦煌学五十年』「鹿田松雲堂と内藤先生」に再録。幸田成友の文は『読史余録』に「鹿田古井翁」と題し再掲されている。百号の編輯は大変であったようで、餘霞の日誌『要用日誌八』大正十四年十一月三日条にも「三日　古典聚目百号今日発行紀念号大家序文入記載書も相応に多く文一と共に骨折の甲斐あり立派可喜」とある。

（1）「富岡鉄斎先生手簡　古典聚目第百号発刊について」二通ならびに静七附記

105　三代松雲堂　鹿田静七

富岡鉄斎先生手簡　古典聚目第百号発刊について

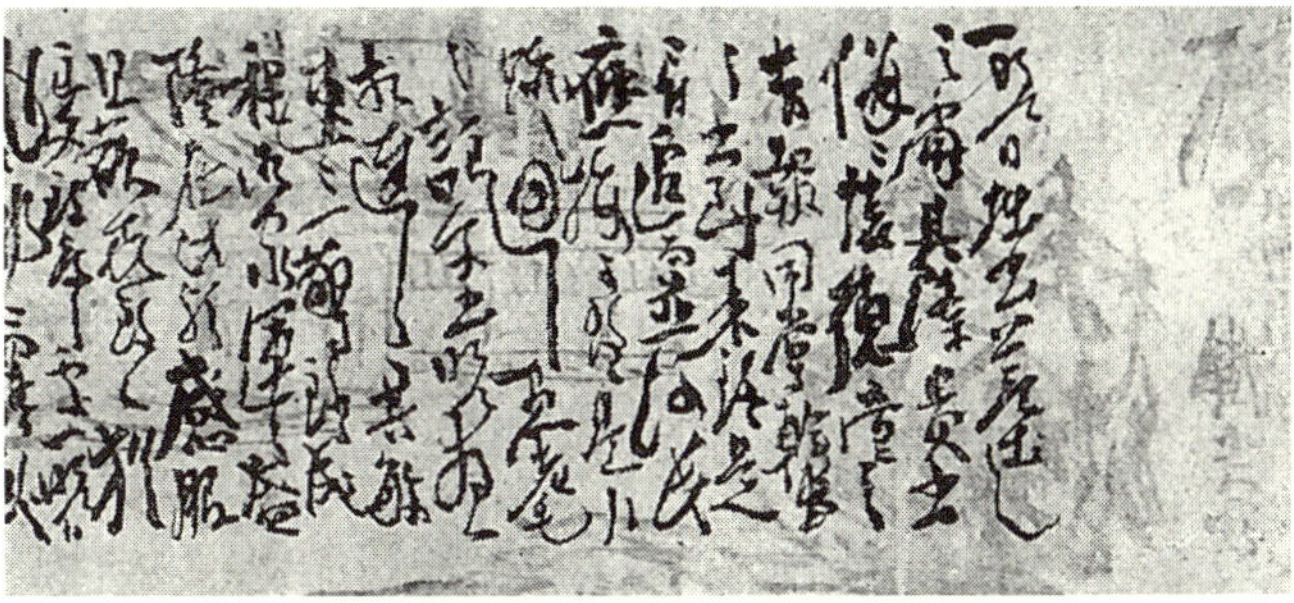

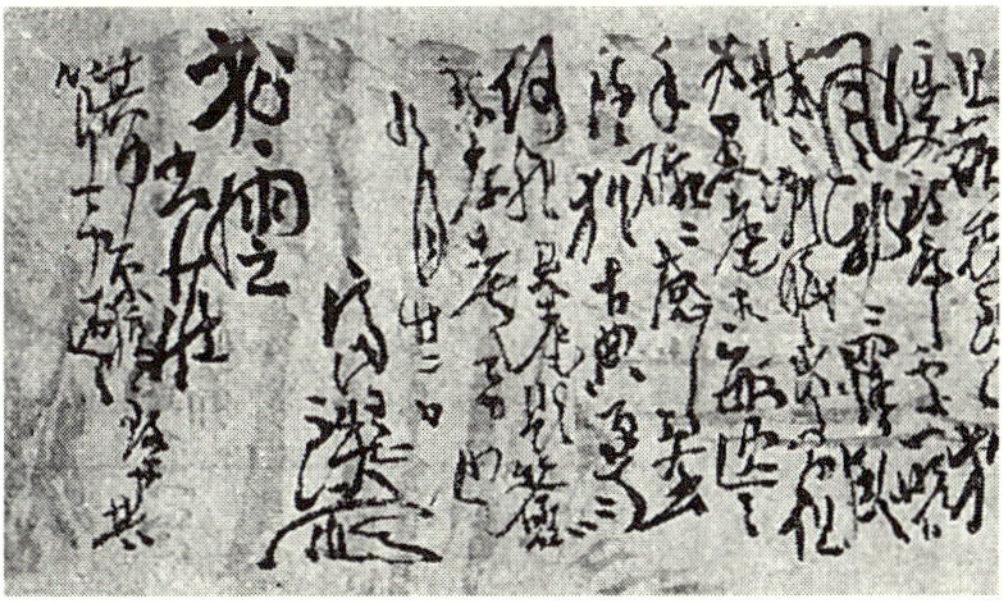

一昨日拙書差出し之処其際貴書併に懐徳堂之吉報同堂幹事之書到来致候是に付追而並河氏応接可致候是は跡へ廻し愚毫之註文書昨夜相達し候其敏速に一驚致候成程御家運の盛隆在此歟感服且歓喜致候猶註文致度之処一昨日風邪に罹り臥牀に嬾眠致候間但為愚毫御敏速之手腕に感し受書致候

猶古典百号には何歟愚毫題簽致度考へ可申也

九月廿二日

富岡鉄斎

松雲書荘

其中原稿致可申其節可申述候

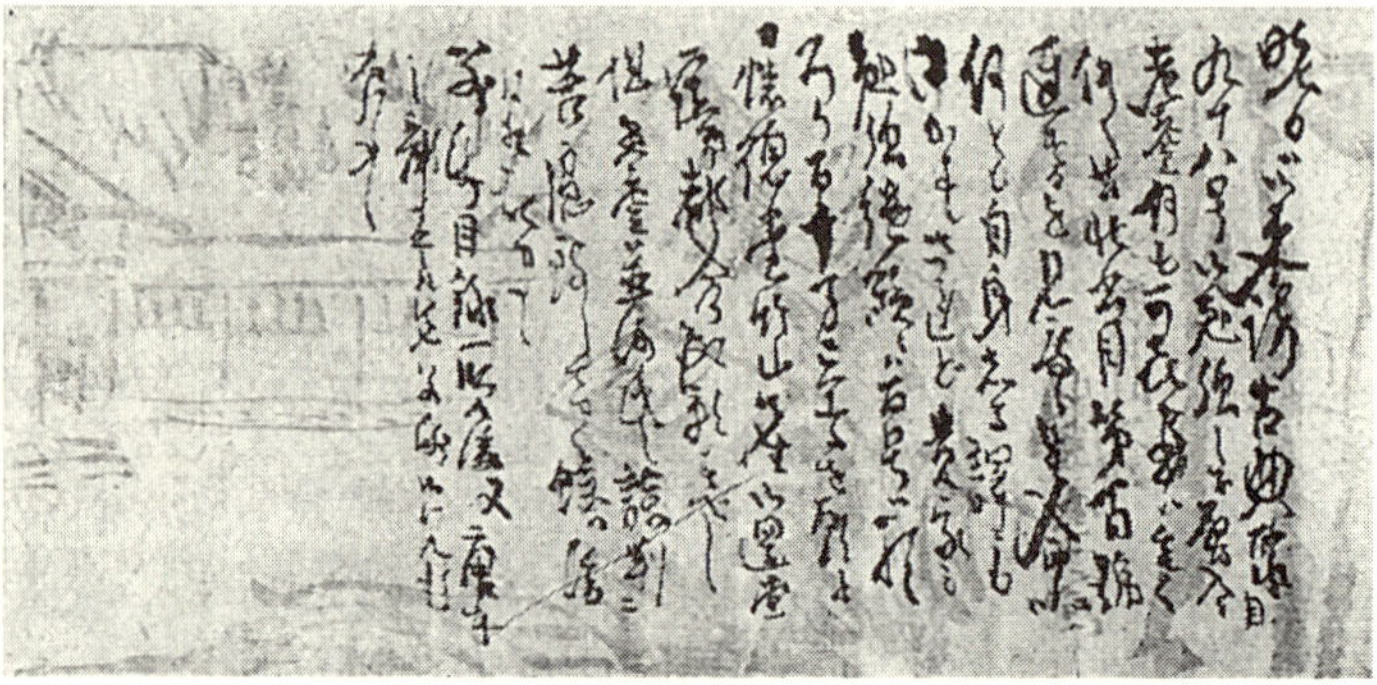

昨日は御来訪古典聚目九十八号御勉強之義驚入候老耋何も可喜事は無く候へ共此書第百号に達するを見度候生命は何とも自身しる訳にもゆかすされど貴家之勉強継続には百号はおろか百千万に至るを願ふ懐徳堂竹山先生御還堂定而都合成就すべし但愚耋並河氏の談判に苦慮致し可申候余は後日相期申入候

別紙目録一覧後又唐本之部来る先別紙御見せ願入候

附　記

富岡鉄斎先生は弊堂父祖以来数十年来の顧客にて古典聚目第一号より毎号多大の御引立を蒙りしが昨年九月第九十八号発行の節本聚目も今や第百号に近く旨申述し処其際前記の手簡を戴き「百号には何か題簽を致す」とのお言葉を賜はりしに旧臘十二月卅一日八十九歳の御高齢にて溘然御他界遊され遂に此百号を座右に呈する能はざるは弊堂の最も遺憾となす所なり

今此手簡を影印して老先生の御厚誼を偲ぶと云

静七　敬白

(2)「富岡鉄斎先生画並賛　鹿田古井(先代静七)肖像」

富岡鉄斎先生画並賛

鹿田古井(先代静七)肖像

鬻書為業思益於人
人称良賈其徳潤身
　此即書肆鹿田古井翁肖照也余与
　翁相知久写之並賛

鉄斎老人

（3）諸大家祝詞

（3―1）巻頭「松雲堂主人敬白」

古典聚目第百号発行に際し、本書目と関係深き左記諸先生方に序詞を請ひしに、各御寄稿を賜りたれは、巻頭に掲げて大方の御一読を希ふと云ふ

松雲堂主人　敬白

（3―2）内藤虎次郎

内藤虎次郎

余が鹿田氏の松雲堂に書を購ひ始めしは、明治二十六年なりしと思ふ。当時余は高橋自恃先生に随従して大阪に在りしが、滞留二月に過ぎざりしも、此時より古典聚目の前名なる書籍月報を引きつゞき閲読せる一人となりしなり。二十七年より二十九年までは、自恃先生の為に捉刀の役に任じて大阪朝日新聞に在りたれば、鹿田氏の先代古井翁と入懇になる機会を生じ、二十九年に関西文運論を草せし時などは、自恃先生の文庫にて足らざる書は多く松雲堂より仮借して資料とし、古井翁は極めて親切に援助せられたり。又この論が大阪の宿儒藤沢南岳先生の目にとまりたりとて、遂に謁を執り、激励の辞をたまはるに至りしが、その紹介者は古井翁なりき。三十二年三月、余は東京小石川江戸川町に住ひし頃、火災に遭ひて蔵書蕩然一空したれば、勿論それ以前の書籍月報も皆失ひて、古き記憶を

喚起すべき料は今一つもなけれど、二十九年に大阪を引上げて東京に帰る折、下宿の楼上に買ひ溜めし千余冊の書籍を大きなる長持に入れて、郵船便に托せしことは今に覚え居り、そは殆ど全部松雲堂より購ひし者なりき。貧書生のこと丶てこれといふ珍書も獲ざりしかど、其中にて愛読せしは、松下見林の異称日本伝、山片蟠桃の夢の代などにて、中原職忠自筆の改元革暦に関する記録類は、群書類従本を校訂し得べき者なりき。

三十三年以後三十九年まで、再び大阪朝日新聞に執筆して大阪に在り。此頃よりや丶古写古板の本などあさるやうになり行きたれば、松雲堂との関係もます〳〵深く、又幸田、浜、水落、永田、小山田、打越諸君などの如き、同臭味の人も出来て時々会合し、京都より島、富岡二氏など来り加はることもあり、大阪図書館も創設中にて、本あさりに多事なる時代を来し、面白き暗闘の其間に生ずることなどありて、すべて此の一群は松雲堂を中心として活動したりしなり。

古丼翁は三十八年に物故したれど、今の主人餘霞君は更に古書捜索の範囲を燕京までも展ばして、東京の田中文求堂と相対して我邦の二大古書肆といはる丶に至りたれば、随て古書市場に此の二人の顔が現はるれば相場を狂はすほどに成り、余等の如き貧乏なる購読者は少からず其の為めに打撃を受くること丶なりぬ。

回顧すれば松雲堂と余との長き関係はすべて是れ煩悩の歴史ともいふべき者にて、余か一生に最大の苦痛を与へたるはたしかに松雲堂父子なるべし。其代りに、余が書庫中の最珍書の大部分は又松雲

堂より獲たる者なることは勿論なり。其の一二を試みに挙ぐるも

元和活字本群書治要
漆桶万里自筆本（？）梅花無尽蔵
五山写本月舟録足本
元板玉篇零本
元板中州集（後董授経と他本と交換す）
五山板蕉堅藁
五山板唐才子伝

などは古井翁時代に獲たる者にて、五山板人天宝鑑の如き、翁より贈られたるものもあり。

平安朝写本左伝四巻
鎌倉写本論語
宋槧明修本眉山七史
元槧明修本三国志、南北史、隋書、唐書、五代史
元槧本君臣図像

などは餘霞君時代の獲ものなり。余は聚書の際に、由来あまり掘出しといふことをせず。大抵当時の相場として高き方に売つけられしこと多きも、中には慶安板の南浦文集を七拾五銭にて書籍月報にて

発見し、慶長活字本後漢書を九円五拾銭にて古書交換会の折に鹿田氏より獲たるなどは松雲堂に対する復讐の意味にて、同臭味連より痛快がられたることなりき。但し古写本左伝の中二巻を先づ獲たる後、更に出でたる二巻を買ふに前の三倍も貪られたるなとは、遺恨骨髄に徹すともいふべし。吉田篁墩が病中手づから単疏本にて校したる左伝を、五拾円にて余に售り、後に其の過廉なるを悔いしなどは、古書肆気質の常にて、あながち余が掘出したるにもあらざるなり。近時に至りては、松雲堂は其の内容価値の分らぬ本は、概して高く値をつけて置くことの安全を発見したれば、鵜の目鷹の目なる購読者に寸分も掘出しの余地を与へぬこと丶なりて、購書の興味を無視する罪悪天地に貫盈すといふべきも、さほどに売急ぎをせざるまで松雲堂の資本が大きく成りしは慶すべきことには相違なし。

今は大阪に於ける購書の同臭者も過半道山に帰して、古典聚目が第一百号に達せると共に、余も二世松雲堂主人も頽然として老境に入らんとす。但だ松雲堂には、肖子ありて其業の益々昌ふべく、余が南郊の書庫には、煩悩の産物を詰め込みて余生を送るべき準備成りしは、御互に目出たしといはゞいふべし。松雲堂主人が百号の祝辞を余に強要したれば、こんなことでも祝辞にならばとて書きたり。

八十一叟　大　槻　如　電

（3—3）大槻如電

浪華老舗松雲堂より発布する古典聚目第百号となりしとて堂主より来書あり曰く老先生は先代古丼

より御引立を蒙り書目第一号否尚其以前より御愛顧を辱く致居候上現存被遊候御顧客中尤御高年と奉存候間何卒一百号の首に御感想談なり又は御祝辞なり拝受仕度奉願候云々。

回顧すれば古井翁と相知れるは明治十一年の冬なり爾来殆五十年書目来れば必註文し大阪行すれば毎に其店に上る古典珍本何なりとも購取る常客の一人なれば来書に対して直に筆とるべきはずなれど。

再昨年癸亥の震災に屋宇書器一切灰燼爾時思ひけらく余の集めし書籍は硬軟仁鄙各種一万五六千巻是決して物好きにあらず骨董扱にもあらず著書ものせんの参考材料なりされど著述の希望は其半に及ばず齢既に八旬常に日暮路遠の憾を抱きしが今回の一炬幸にも多年妄想一時消滅と大悟道してんげり。

かく大悟道したる老先生が古典聚目に一文を草するは彼の為士者の笑ひを免れざるべきかなど丶心付き考一考して又唖然自笑せり。去年は差置き今年一月説文通訓定声拾八円を買初めに次々に正字通七円、中山伝信録弐拾円、環海異聞拾弐円、出雲風土記古写本と暦象新書とは五円づ丶将又和蘭原書の医療問答七冊参拾円、穆斯篤内科書九冊六円も収め新刊は島根県史古墳篇八円梁川星巌五円等にて五円以下は新古二十余点に及びなんか丶る有様は忘想復興とも可申古典聚目に一言する資格復旧となる次第と頭かき〳〵筆なめ〳〵百号の祝辞はそつちのけ愚痴やら自慢やらかく事如斯

（大正十四年乙丑中秋）

（3―4）磯野惟秋

書肆松雲堂の先主人古井翁の在りし日古典の日々に替り行くをし慨し古典聚目の原名書籍月報第一号を発行せしは明治二十三年五月五日なりき爾来号を重ねて六十五号に至りて翁は敢なくも物故せり即ち三十八年八月にして此号こそは絶筆なりしなれ今主人箕裘を継ぎ先業を大にし更に続刊して今年今月第百号を発刊するに至りぬ盛なりといふべしその第一号の緒言を見るに当時主として漢字の古典を聚めたるが如き傾向なりしが今は則ち風気一変和書を主脳とせるが如く思はる往時を顧回すれば茫として隔世の如し翁にして今猶在らんには如何の感をかする姑く今昔の感をしるして今主人に示す

磯野惟秋

（大正十四年十月）

（3―5）幸田成友

幸田成友

鹿田松雲堂の古典聚目はもと書籍月報と題し、明治二十三年五月第一号を出されてから満三十五年を経て、今度第百号に達した。西洋では第何百何十号といふ古書林の目録を見ることは珍らしくはないが、日本では松雲堂の目録ほど永く続いたものはない。これは畢竟先代静七翁及び当主静七君の努力の結果であつて、大いに推賞に値するものと思ふ。

自分が大阪市役所に赴任したのは明治三十四年五月で、東京に居る中から松雲堂の名前は知つてゐたので、着阪早々静七翁を訪問し、それ以来の翁の歿くなられるまで即ち明治三十八年八月まで僅か五ケ年ではあるが、随分頻繁に翁と接触した。これは自分の仕事―大阪市史の編纂につき史料の買入又は借出に翁の援助を得なければならぬことが色々あつたからで、翁は自分と一緒に大阪史談会を発起して、毎月一回安土町の書籍商集会所に開会し、又市史編纂掛で三十五年と三十六年とに展覧会を催した時は、両度とも先達となつて書籍物品の借入や陳列に奔走せられた。そんな関係で交際の年数は少いが、自分は割合に深く翁を知つてゐると信ずる。

翁は痩形で丈高く、血色は宜しい方でなく、面には薄く疱瘡の痕がある。斑白の頭髪を短く苅り、黒の角帯に前垂がけて、腰間には蝦蟇口と眼鏡の鞘とを丁度筒刺の煙草入のやうに作つたものをさし、必要の場合にはそれから二つ折の洋銀縁の眼鏡を取出してかける。

歯が悪かつた為か、時々息を吸ふやうな癖がある。少し嗄れ声ではあるが、声量は豊富で、談話の初にエーと低くいひ、それから滔々と弁ずる。筆跡は達者すぎて手紙などは可成読悪くかつた。

翁の先代は河内屋清七といつて河内屋新次郎の別家で、最初は貸本屋を、次に古本屋を営まれたそれで翁も子供の時には貸本の配達をし、又古本屋としては淡路に得意が多く、一年両度淡路通をし明治になつては内外新聞明治月刊の出版、中外新聞の売捌もやり、又新刊本や教科書の販売もやつた横一寸縦二寸位の小さな書画帳に、先達て故人となられた富岡鉄斎翁の筆で、壮年時代の静七君が乱舞狂踏してゐる図を見たことがある。又明治十二三年頃翁が大阪商法会議所の議員としてフロックコートに取済ましたる写真を見たこともある。営業振の移替、生活の変動、彼も一時此も一時で、明治二十年前後欧州風が無暗に流行して、和漢の書籍が反古同様となつた時、断然として古典籍の蒐集販売を専門とするに決し、その方針は死に至るまで少しも変らなかつた。否今日に至つても松雲堂の営業方針はこれである。

翁の話に、昔時は商売が仕易かつた。大阪の書林は天満の天満宮に日参をする、境内の茶店で同業者が数名落合ふと誰か何々の本を持つてゐないか、代銀は何匁かと尋ねる、そこで商談が出来れば、先づ今日の衣食に事を欠く心配は無いから、後は銘々贔負の御得意の家でも廻つてその日を過した、といはれたことがある。そんな商売振で通つた時代もあつたのに、時勢と逆行して古本専門と決心し、且遠方の顧客を引付ける用意として目録販売を実施せられるまでには、筆にも口にも及ばない苦心があつたものと考へる。

発行当時の書籍目録は二十頁内外で、書名も冊数も代価も四号活字である。分類も説明も番号もない。それが紙数を増して隔月発行となり、年四回となり、二回となり、月報の名は不相応だとあつて終に古典聚目と改題すると共に、一方には部類を分ち番号を附し、説明を加へて、現在の体裁に進歩したのである。この進歩については別に記事があるだらうから、自分は省略するが、只一つ書添へて置きたいことは、大正五年三月の古典聚目号外から、表紙の右側の下に、創業弘化元年の文字を加へたことで、これは自分がロンドンのリユーザックの目録に同店の開業した年が出てゐると当主静七君に話した結果と記憶する。

自分の在阪当時は目録の印刷が出来上ると、松雲堂ではその一部を神棚に供へ、それから小僧や出入の若衆惣掛りで市内は配達し、市外は郵便に附した。自分の如きは目録を手にすると大急ぎで一覧し、欲しいと思ふ書物に記号を附け、それを懐中にして同店に駈付けたものだ、古本は一部切である。注文の前後によつて勝敗が決するのであるから、勢ひ同店に駈付けざるを得ない。同じ思で浜和助、永田好三郎、水落露石、打越竹三郎、水谷不倒、内藤湖南、磯野秋渚等の先輩知己諸氏が松雲堂の二階南向の小坐敷へ続々として詰掛ける。内藤翁の如きは平素朝寝坊であられるのにこの日に限つて殊にお早い。さて銘々主人に依頼して目録に記号を附けた書物を出して貰ふ。知れ切つた版本にしても印刷用紙製本等で甲乙がある。まして古写本古版本の類はどうしても実物を見なくては合点が行かぬ故、誰も早く注文の本を見せて貰ひたい。今の静七氏以下店員諸君が階子段を上下することは幾回か分らぬ。思ふ書物を得て意気揚々たる人もあれば外題と中味と相応せぬ書物を前にして首を捻る人もある。その本は既に売れたといはれると、釣落した魚同様口惜しく覚えるのは自分一人ではあるまい。時とすると同席者中双方から一つ書物を買はうとして、主人が挨拶に当惑し、宜しく御妥協をと階下へ下りた奇談もある。浜和助翁に元和版の破提宇子を一円五十銭で、内藤湖南翁に南浦文集三冊を七十五銭で、水谷不倒氏に万治版及び延宝版の京都洛中洛外之図二枚を二円五十銭で、永田好三郎氏に傾城禁短気六冊を三円五十銭で買はれたことは、余程口惜しかつたと見えて今でも記憶してゐる。

目録発兌の日、松雲堂楼上偶然の会合は、自分にとつて大いなる利益であつた。席上の談話は一切書物に関することのみで、列席諸氏はそれ〳〵専門の立場に於て、書物に対する趣味批判は決して他人の追随を許さぬものである。それ等諸氏の談話を実物の書物を前にして聴聞するのであるから、その利益はいふまでもない。自分が書物に対する趣味、書物に対する多少の知識は実にこの席上に於て諸氏から啓発せられ、口授せられたものが多い。

集散離合は免るべからざる数で、浜、水落、永田三氏は逝去し、内藤翁は京都に、水谷氏と自分とは今東京に居る。目録発行当時のやうな会合は再び繰返すことが出来ない。

松雲堂は古書肆として日本有数である、古典聚目は古書の販売書目として日本第一である。内容の豊富目録の整頓は或は企及ばうが、説明の簡潔で含蓄のある点に至つては真に天下一品と称すべきである。併し聚目は現在のまゝ充分だとはいへまい、考慮を加ふべき点が多々あらうと思ふ。毎号和漢の書全般に亘るやうな目録を出すかはりに、一部門づゝ専門的の目録を出したら、紙数を減じ、回数を多くし、読書家にとつても松雲堂にとつても利益であらう。日本では木版本と活版本との間に厳重な区別を立て、古書といへば木版本か写本、明治以前のものに限るやうになつてゐるが、それでは古書目録に掲載すべき材料は減ずる斗である。供給の減少と、需要の増加と、価格の騰貴と、互に因となり果となつて底止する所を知らぬであらう。この外にも将来の古本界には色々の問題があらうから、それ等の問題に伴つて古典聚目に改良を加ふべきは当然であると信ずる。自分は二三年前やつと五十を越した位で、昔物語をする年輩ではないのですが古典聚目第百号の発刊に際して、つい自分の経験談を申して甚だお恥しい次第です。

（大正十四年十月）

（3―6）今井貫一

今井貫一

松雲堂の古典聚目が今次の発行を以て百号に達した。松雲堂の繁昌と共に洵に慶賀に堪へぬ。抑も古典聚目は商店の営業目録であるから、之を単に商売用と見れば、それが百号千号の多きに達しやうが、将また発行年数が三十年百号の久しきに亘らうが心を動かすに足らぬ。然し此目録は尋常の商品目録と類を異にし、埋れたる遺珠と現代の活学界との仲介連鎖となり、学術研究に裨補せる功績が甚大であるから、此点に於て商用以外に或意義を有するものである。かく考へて此目録が百号三十五年に及んだことを思へば、転感動を覚へ、祝賀の念が涌き、更に故古井翁が古典の顧みられざる時に敢然之を発刊せる努力を感謝せざるを得ぬ。試にこの目録の書籍月報と称へたる明治二十三年の初号から順次手当りに繰りひろげて見ると、貴重書目が続々と目につき、恰も稀覯書展覧会の観があつて深い興味を感ずる。而してこれ等の古典が此聚目に依て研究者に紹介提供せられたのであるから、商売を放れて愛重すべきものと思ふ。

書店の発売書目は東西ともに甚多く、図書館などでは其送付を受くることが少くないが、大抵は当座の用を済ませば委棄せらるゝものである。然るにひとり古本目録の或種のものは撰択用外に必要があり、殊に珍らしい古版古写などが録されてあるものは他日の参考に保存する。実際セコンドハンド書目は購買問題とは別に学者好書家図書館などに必要がある。是を以て倫敦のカリッチ書店の目録などは世界的に評判が高く、苟も欧羅巴の古典に所要のある向では争ふてその目録に寓目し且大切に保存するほどに斯界の権威となつてゐる。我が古典聚目も日本の古書界に於ては広く全国に行はれて、学者の貧嚢を窮乏ならしめる魅力を有するものである。併し此目録が学者を貧ならしむるのは、即ち学界を富ます所以であるから、将来号を重ぬるに従ふて益魅力を揮ふやうに大に発展せられんことを希望して止まぬ。

（大正十四年十月大阪府立図書館に於て）

（3―7）亀田次郎

亀田次郎

おもへば早三十六年も昔の事になる。自分がまだ郷里の高等小学校へ通つてゐた時分、京都寺町四条にあつた田中文求堂（今の東京田中文求堂の前身）や、大阪心斎橋安堂寺町にあつた青木嵩山堂から、毎日《ママ》書籍目録が発行されて地方の購読者の便を計つてゐた。自分は此両書店から目録の寄贈を受けて、当時小学校の教科用書であつたピネオの英文典の飜刻本や、ロングマンス社の英語読本などを購ひ、尚新刊の小説稗史類を時々求めてゐた。これは明治二十二年から二十三年へかけての事柄である。丁度この時分大阪朝日新聞広告欄に、鹿田書店から「書籍月報」を創刊し所望者に寄贈するといふ事が見えてゐたので、自分は矢張文求堂や嵩山堂の目録と同様のものと考へて早速寄贈を求めたのである。創刊は二十三年五月五日発行であつたと覚えてゐる。この「書籍月報」が到着して見ると、文求堂や嵩山堂の目録の横綴であるのとは違ひ、縦綴のもので、内容も余程変つてゐて、頁数は二三十頁より無く印刷の活字も大きい。然し掲載書目は皆古版物ばかりで、従前見てゐた文求堂や嵩山堂の目録にある新刊書は殆んど見えない。六国史や大日本史をはじめ歌学、漢学書が沢山載せてあつた所謂古典書目であつたのである。当時の自分には此の鹿田の書目は何んとなくゆかしく面白く感ぜられた。爾後毎月引続いて寄贈を忝うして居た今日からいへば自分は鹿田松雲堂「書籍月報」創刊以来の旧馴染の一人である。この二十三年の夏季休暇に亡兄が帰省して創刊以来二三冊あつた書目を見て、其最近号に掲載してあつた中から抄出して自分の名前で注文して購求した。これは京伝や馬琴などの随筆類であつたと思ふが、書名は判然せぬ。これが兎に角自分の名義で松雲堂と関係が出来た始である。この折亡兄から松雲堂の話や他の書店と異つて所謂古典の販売店である事などを詳しく教へられたのである。自分は成程書目の他店と類を同じうしない訳を知つたのである。亡兄は以後書目の来る毎に、数種宛購求してゐた様である。勿論名義は書目寄贈の関係から常に自分の名でやつてゐたのである。この二十三年は大阪にはコレラ病大流行であつた。自分は亡父が商用で始終大阪に居つた関係から、其地の中学へ入学せねばならぬので、流行のコレラ病も終熄した十一月下旬に上阪して、当時父の僑居堂島船大工町卍辻の家に移つた。この日は第一帝国議会召集日の前日であつたと記憶してゐる。此処で入学準備をして、翌二十四年四月に同じ堂島田簑橋玉江橋の間にあつた大阪尋常中学（今の北野中学の前身）に入学したのである、この数月間は専心入学試験準備勉強のため費したのである。

前年郷里に居た頃、亡兄が夏冬の両休暇に帰省する毎に、種々文学談を聞かされて、徳川時代の戯曲小説の事やら、当時の明治文学界の状況などを教へて貰ひ、又亡兄が平常購読して居る文学書や文学雑誌などを読んで、幼稚ながらも当時の文学界の模様などを少しは知る様になつた。自分が京都や大阪から書籍月報を取寄せてゐた二十三年の頃は、国文学の復興時代で、博文館から「日本文学全書」が出版せられ、自分は早速これを購読したが、当時の自分にはまだ了解出来なかつた。又叢書閣武蔵屋から近松物や西鶴物が続々刊行された。自分はこれも僅か十銭内外で買はれるので、出版毎に購読した。近松の方は少しは了解出来たが、西鶴物の方は頓と了解出来なかつた。此と同時代に東京国語伝習所から「国語講義録」、国文語学専門学校から「国文語学講義録」（これは二号で廃刊した）吉川弘文館から（国文国史講義録）の類が出た。自分は不相変物好にも此等の講義録を毎号取寄せて読んだ。処が此等の講義録に、日本文法が載つてゐた。それは落合直文、林甕臣、畠山健の諸氏のであつたと覚えてゐる。五十音の事から説いて、音便、約音、略音の事や体言、用言、てにをは、仮名遣などに及んでゐた。この日本文法は読めばドーニカ了解出来たが、然し用言の活用の条は中々六ケ敷かつた。此年の夏季休暇に帰省した亡兄に、この事を話すと大笑をして、お前がソンナ処が容易くわかるものかといつて、赤い表紙の書物二冊を出して来て、詳しく説明して呉れた。それで大体了解が出来た。亡兄が自分に見せて呉れた書籍は「語彙別記」、「同活語指南」であつたのである。前にもいつた様にこの年十一月下旬に上阪して翌年四月に中学に入学した自分は、其翌年二十五年四月第二年になつたが、此学年に国語科に日本文法があつた。自分は茲にはじめて正式に日本文法を教へられたのである。此折自分は前年購読してゐた講義録で多少知識を持つてゐたが、受持教師から毎週口授される丈では、何んだか物足りない心地がするので、当時大流行であつた博文館出版の落合直文、小中村義象二氏の「中等教育日本文典」を繙読して、先づ日本文法に関して大なる参考資料を獲たのである。この文典は自分が上阪した二十三年末に世に出たのである。自分は新聞の広告を見て、これを求めておいたが、愈々正式に日本文法を教へられることになつたので、これを精読した。処が本書の序文の終に、当時著名の文典が数種列挙してあるし、又巻首に「語学系統」と題して、先哲諸家の著書が沢山列記して短い解題まで添へてあつた。そこで自分はこの列挙してある著述を読破して見たいと考へて、書店を探し巡つて、手近な新刊の文典を購読し初めたのである。丁度この時分に鹿田松雲堂の書目を見てゐると、小沢芦庵の「ふり分髪」が載つてゐる。直に同店へ往つた。処が最初自分の往つた鹿田書店は、心斎橋筋の安土町を少し南へ入つた西側にあつた出店である　軒には朱色の木版に「古典」と白字で記した看板が吊下げてあつた。店に入つて尋ねた処が、三十前後の店員が居て、此処は出店で新版物ばかりを売つてゐるのです。古本の方ならこの北の筋を少し東へ入つた南側の店へお行き下さい。と教へて呉れた。そこで少し跡もどりして本店へ向つた。当時の松雲堂本店は、現今の場所ではあるが、軒の深い、格子戸のある家であつた。丁度この店の北側には書籍商集会所があつた。格子戸を開けて家の中へ這つた自分は、「振分髪」の有無を尋ねた。店には五十才前後の老人が七十近い老母と対坐してゐて、自分が今尋ねた書物を直に取出して来た。代価は僅に十二銭であつた。これが直接自分が松雲堂から古典を買つた最初で、且同店と関係の出来た端緒である。「振分髪」は今尚所蔵して居る。これも一つの記念物である。この時老人は自分がまだ十三四才の子供でありながら、こんな書物を求めたので不思議に思つたと見えて、自分に親切に色々の話をして、生国などを尋ねられた。老人は自分の答を聞いて、私の親父もアナタと同国播州印南郡であると話し、茲に初めて松雲堂の祖先は自分の郷里から二三里北の方志方といふ所の出身であることを知り、且屋号の志方屋の由来などを知つたのである。この老人が先代静七翁であつたのである。傍に居た老婦人はその老母で、矢張同国龍野とかの生れで幼年の頃篠崎家に仕へ小竹先生の媒妁にて初代清七へ嫁がれた人と聞いてゐる。両人は自分に向つて年がゆかないのに勉強ぢや、前途有望ぢや、シツカリおやりなさい。など懇切に激励されて帰つた。爾後絶えず欲しい書物があれば、直に駈つけて買入れたのである。時代が違い物価の変動はあつたとはいへ、僅々十二銭で「振分髪」が求められ、これが松雲堂と自分との関係の出来た最初であつたのを回想すると、誠に隔世の感がある。序にいつておくのは、何時か同店へ尾崎雅嘉の「群書一覧」を買ひに出掛けた際、老人の話に著者の墓は、私の家の菩提寺天王寺口縄阪春陽軒に在る。平素紺足袋ばかりを穿いてゐたので紺足袋先生といつて居つた人ぢや。是非寸暇に展墓せよと勧めて呉れられたが、其時は已に自分は「柵草紙」や「なにはがた」に磯野秋渚翁の「浪華墓跡考」が連載してあつたので、それによつて諸名家の展墓は仕遂げてゐたから、その事を話すと、老人は大に喜ばれた事もあつた。中学を卒業して熊本へ遊学してからも、時々古典を求めたが、老人時代の最後の買入本は、我自刊我叢書本の近松物で、確か「兼好法師物見車」、「鎗権三重帷子」、「碁盤太平記」三部合刊のものであつたと思ふ。これは三十一年の事である。包装も其当時の儘に今尚所蔵してゐる。当時自分は近松物を蒐集研究してゐたので、これも亦一の思出になる。其後東都に遊学してからは、彼地で古典書籍は買入れられるので、自然松雲堂から購求は遠ざかつたのであるが、現今の主人の世になつてから求めたのは、「犬夷評判記」が最初であると思ふ。自分は以前「早稲田文学」に掲載された饗庭篁村氏の論文に本書が引用されてあつたので、其獲得を望んで居たが、手に入らずに居つたのを四十年の初に書目に載つてあつたから、早速求めたのである。これも今日尚所蔵して其由来を書き記してゐる。亦一つの記念物である。自分は其後鎮西に或は郷里に居住してゐたのであるが、大正十一年の初春大阪に住む事となつたので、久し振に松雲堂に赴いた。場所は以前中学時代によく通つた時と同一であるが家の模様は余程変つてゐた。向側の集会所は無くなつてゐるし、心斎橋筋の分店も無い。昔の格子造は今は硝子障子である。店頭には金文字入の洋装本が並べてある。

只昔の俤は分店の軒に吊下げてあつた「古典」の看板がそのまゝ今の店頭に遺つてゐる丈の様に思はれた。現今の主人に初めて会つたが、自分と殆んど同年配の方である。若主人とも初めて会つた。年齢から考へると自分の熊本遊学時代か東都大学時代かの誕生とおもはれる。種々両主人や店員の方と懐旧談に時を移して、以後また〳〵旧交を温めて今日に及んで居る。元禄板の「峯相記微考」や「標註播磨風土記」や「蘭学事始」などはこの時求め得たものである

時代の変遷とはいへ、古典専門であつた松雲堂の門口が硝子張になり、洋装活版本が陳列され洋文の古本さへ並べてあるのを見ると、何んとなく過去を回想し、現在を思考して、自分は時世に遅れてゐるのかとも思はれる。自分が三十六年前に此老舗の創刊書目の寄贈を受けて、自分の名義で亡兄が徳川文学書を求め、又其後直接に自分で「振分髪」を購つてから、今茲大正十四年仲秋までの間に、書目は月刊を廃し、年二三回の刊行となり、名称も中途に「古典聚目」と改まり、尚三年前から別に「洋装活版本書目」の刷行も出来、掲載書目も極めて豊富となり、従つて紙数も当初の五六倍となつて、大に其面目を改めて、今や其号を重ねて一百に達した、同店の業務は愈益隆昌に赴き、近く海内は云ふまでもなく、遠く海外にまでも其名声は喧伝し、泰西の碩学鴻儒の注文が殺到するに至り、本邦第一流の大書肆となつてゐるのは、誠に慶賀の極である。それに引換へて、自分は依然として呉下の旧阿蒙に甘んじてゐるのは、実に慚愧の至である。自分の専攻に手引をして呉れた兄や、其典籍を初めて自分に手渡して下さつた松雲堂先代は、最早幽明界を隔てゝゐる。往を想ひ今を顧みて感慨無

量である。今茲に書目第一百号発行に際して、創刊以来の関係者の一員として、聊自分の記憶を辿つて所感を記し、一は祝意を表し、一は懐古の料に資する次第である。拙蔵創刊書目以後の一綴は、一方に松雲堂発展の歴史を物語と同時に他方に亦自分の過去の経歴を回顧せしめる一大記念物である。

（大正十四年十月十六日夜稿）

（4）松雲堂鹿田静七挨拶

稟　告

時下秋晴快適之候、各位愈御清勝奉賀候。

陳者、当古典聚目の義今回の発行にて創刊以来満三拾五ケ年第一百号に相達し申候。これ偏に諸先生各位の御愛顧を辱し、毎号多大の御注文を賜り格外の御引立を蒙り候結果と感謝の至に奉存候。今百号を発刊するに際して、過去を追想し聊か往事を申述候。

回顧仕候へば、第一号は明治二十三年五月の創刊にて、当時は欧化主義の尤も盛なる時代とて我国旧来の文物は顧みるもの少く、其発刊の辞にも、「近来風化ノ沿革事物ノ日新ニ際シ、古典ノ尚フへキ人或ハ之ヲ忘ル。蟹字横文固ヨリ文明ナリ、韋編緗帙独リ開化ノ妨ケナランヤ」とあり。

当時先代静七古丼義本邦古典籍の多くが反故に帰し、又海外に流失して亡逸するを歎き、此聚目即ち前名「書籍月報」を発行致して「財力微ナリトイヘトモ眥ヲ尽シテ古典輯蒐ノ業ヲツトメ茲ニ書籍月報ヲ刊シ」江湖の各位へ謹告致し大に古典趣味を鼓吹仕候ものに御座候。

創刊当時は二三十頁の薄き冊子にて毎月発行致せしも、其後紙数を増し隔月発行より三月毎に、又年四回より遂に近年は年二回発行と相成候。又其間に号外として支那将来唐本目録十数冊（明治四十年五月発行以降）別刊仕り、尚近時活版洋装本之部（大正十一年九月以降）を別に発行今第七号に達し候。

明治四十二年四月第七十四号より「書籍月報」を「古典聚目」と改題し、題簽は富岡鉄斎先生御揮毫被下候。

書名の頭に番号を附し候は、明治二十五年二月第二十二号よりにて、此は故田中芳男先生の御勧告にて泰西の書目に倣ひしものにて、本邦にて発売書目に番号を附する嚆矢に有之候。

先代古丼翁は六十五号迄執筆致し、明治三十八年八月故人と相成、以後不肖ながら小生執筆今日に及び候。

印刷は第一号より大阪一成舎の印行にて、三十五年間同一所の製本に御座候。

以上は其大略にて、敢て申上るべき事柄も無之候も、只創刊の当時顧る者も少なかりし古典籍も、其後国家主義の隆盛と相成、各地に学校、図書館及文庫の陸続建設され、又諸先生各位に於ても典籍蒐集に志さるゝ方激増し、価格も当時に比し数十百倍と相成候分も多く、かく今日古書の珍重され斯業の益々盛大に相成候を見れば、地下先人の霊も満悦仕べく、弊堂も大方の御庇蔭にて家業の隆盛に赴き候は、幸甚の至に御座候。尚此後共一層古典籍の集散に勉め、御厚誼に酬ひ可申候段、何卒乍此上御引立の上細大となく御用向被仰聞度偏に奉願上候　謹言

大正十四年十月

松雲堂　鹿田静七

（「古典聚目」第百号　大正十四年十一月三日）

資料12　餘霞狂詩「追悼霞亭先生」

南木芳太郎編輯の郷土研究誌「上方」の特集「上方名家追憶号」に掲載された餘霞の狂詩。目次では「追悼狂詩霞亭先生　鹿田餘霞」と題されている。餘霞の日誌『要用日誌八』大正十五年（一九二六）五月十日条に「十日　晴亭、霞亭両翁追悼会上町木原別荘にて丹弥料理にて催す酌人先生知己の者来り盛会なり予狂詩一首手向く并会員皆来る」とある。晴亭は同年一月に亡くなった打越晴亭のこと。霞亭は渡辺霞亭のことで同年四月に急死した。その両人の追悼会での詠。

追悼霞亭先生

花《ハ》　落《チ》　先　生　又　散《レ》　嵐《ニ》

若返術空為二冗談一
筆ハ豆ニ著書超二等身一
咄ハ甘ク放送悦二シム婦《フ》庵《アン》一
生前耽レル読ミ五人女
歿後入レル棺一代男
金平好色本充レ棟
文豪逸事多二珍譚一

大正十五年五月十日

於丼会席上

餘霞 ㊞

丼会は霞亭翁を中心にした趣味の会・餘霞は先代鹿田静七氏

（「郷土研究上方」第一〇四号　昭和十四年八月一日）

資料13 「珍品揃ひの展覧会」

大正七年（一九一八）二月二十四日朝九時より、大阪書林倶楽部において「先代古丼翁十三周忌追悼紀念」として古書展覧会が開催された。主催者は松雲堂鹿田静七。古丼と交流深かった知友、顧客が、彼の手を経て入手した古書珍籍を展示したもの。その古書肆としての見識と眼力、精励ぶりを偲ぶ追悼の展覧は、朝から盛況であったことが新聞紙上に記される。西村天囚、富岡鉄斎謙蔵父子、内藤湖南、渡辺霞亭、藤井乙男、狩野直喜ほか、錚々たる出品者による名品数百点のほか、古丼翁遺愛の品が展示された。同展覧の内容は両面一枚刷「古書展覧会列品目録」（縦三六・五糎、横三九糎）に覗い知ることができる。その内容は、「日本古書通信」第三一三号・三一四号（昭和四十五年五月、六月）に〈「鹿田古丼翁」追録（上）（下）〉と題し掲載されている。

珍品揃ひの展覧会

大阪の書賈鹿田松雲堂の先主古丼翁が十三周忌追悼記念古書展覧会は二十四日午前九時から南堀江の書林倶楽部で開催、出品点数は僅に数百点に過ぎないけれどもいづれも名家好事家の珍襲清玩を撰りすぐつての珍書揃ひで先づ京大、大阪府立両図書館の貴重本から

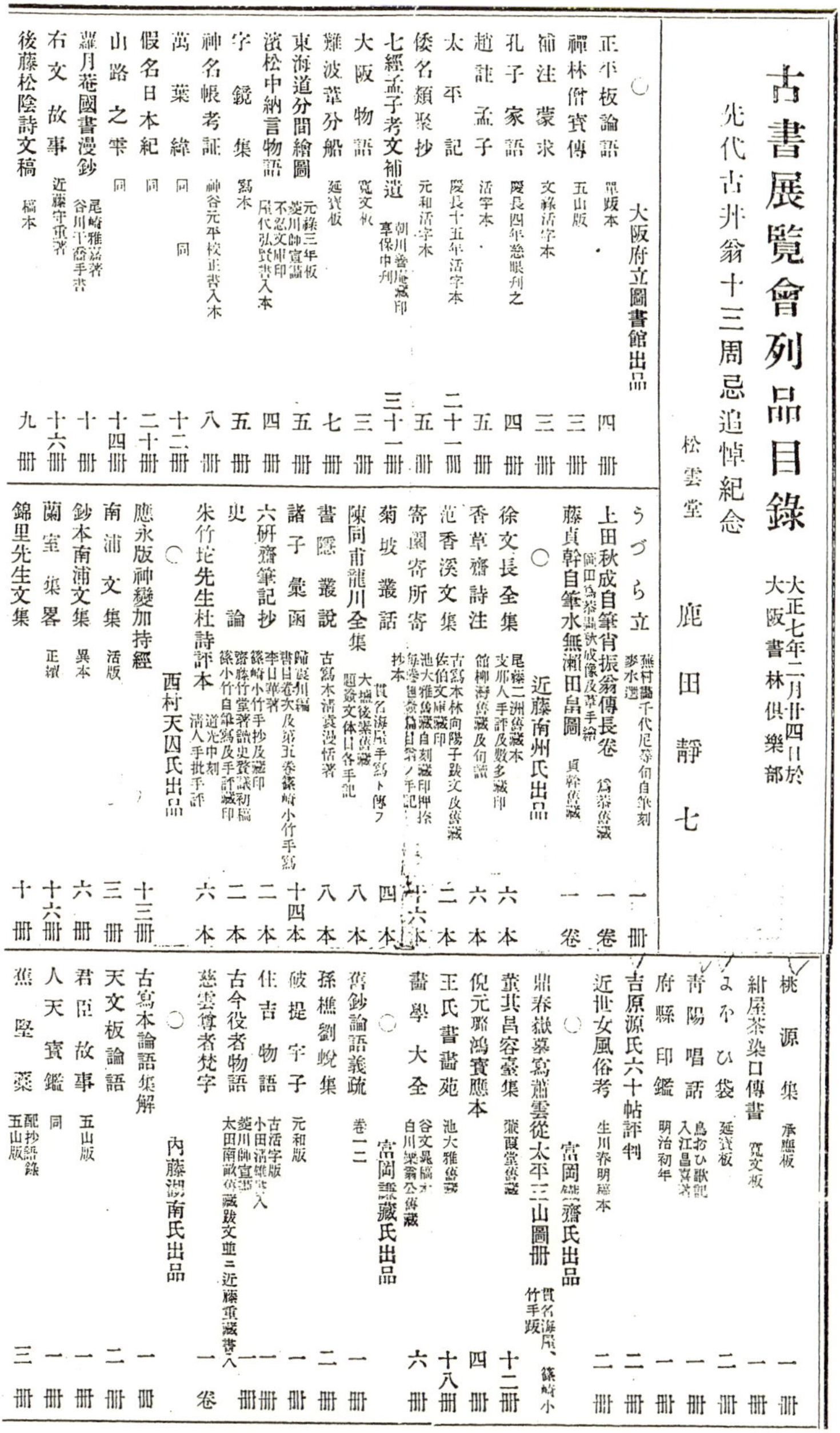
古書展覧會列品目録

先代古井翁十三周忌追悼紀念

大正七年二月廿四日於大阪書林倶樂部

松雲堂 鹿田静七

○大阪府立圖書館出品

正平板論語 單跋本 四冊
禪林僧寶傳 五山版 三冊
補注蒙求 文祿活字本 三冊
孔子家語 慶長四年慈眼刊之 四冊
趙註孟子 活字本 五冊
太平記 慶長十五年活字本 二十一冊
倭名類聚抄 元和活字本 五冊
七經孟子考文補遺 朝川善庵藏印 享保中刊 三十一冊
大阪物語 寛文板 三冊
難波葦分船 延寶板 七冊
東海道分間繪圖 元祿三年板 菱川師宣畫 五冊
濱松中納言物語 不忍文庫印 屋代弘賢書入本 四冊
字鏡集 寫本 五冊
神名帳考証 神谷元平校正書入本 八冊
萬葉緯 同 同 十二冊
假名日本紀 同 二十冊
山路之栞 同 十四冊
蘿月菴國書漫鈔 尾崎雅嘉著 谷川士清手書 十冊
右文故事 近藤守重著 十六冊
後藤松陰詩文稿 稿本 九冊

うづら立 蕪村畫千代尼等句自筆刻 蓼水選 一冊
上田秋成自筆背振翁傳長卷 岡田爲恭畫秋成像及草手繪 爲恭舊藏 一卷
藤貞幹自筆水無瀬田畠圖 貞幹舊藏 一卷

○近藤南州氏出品

徐文長全集 尾藤二洲舊藏本 支那人手評及數多藏印 六本
香草齋詩注 館柳灣舊藏及句讀 六本
范香溪文集 古寫本林向陽子跋文及舊藏 佐伯文庫藏印 二本
寄園寄所寄 池大雅舊藏自刻藏印押捺 每卷題簽爲自筆ノ手記 抄本 廿六本
菊坡叢話 貫名海屋手寫ト傳フ 四本
陳同甫龍川全集 大塩後素舊藏 題簽文体日各手記 八本
書隱叢説 古寫本清賓漫恬著 八本
諸子彙函 歸震川編 書目卷次及第五卷篠崎小竹手寫 十四本
六研齋筆記抄 李日華著 篠崎小竹手抄及藏印 二本
史論 齋藤竹堂著讀史贅議初稿 篠小竹自筆寫及手評藏印 二本
朱竹垞先生杜詩評本 道光中刻 清人手批手評 六本

○西村天囚氏出品

應永版神變加持經 十三冊
南浦文集 活版 三冊
鈔本南浦文集 異本 六冊
蘭室集畧 正續 十六冊
錦里先生文集 十冊

桃源集 承應板 一冊
紺屋茶染口傳書 寛文板 一冊
よかひ袋 延寶板 二冊
青陽唱話 鳥おひ歌記 入江昌喜著 一冊
府縣印鑑 明治初年 一冊
吉原源氏六十帖評判 二冊
近世女風俗考 生川春明稿本 二冊

○宮岡[illegible]齋氏出品

鼎春嶽摹寫耕雲從太平三山圖冊 貫名海屋、篠崎小竹手跋
董其昌容臺集 蒹葭堂舊藏 十二冊
倪元璐鴻寶應本 四冊
王氏書畫苑 池大雅舊藏 十八冊
畫學大全 谷文晁稿本 白川樂翁公舊藏 六冊

○宮岡謙藏氏出品

舊鈔論語義疏 卷一二 一冊
孫樵劉蛻集 二冊
破提宇子 元和版 一冊
住吉物語 古活字版 小田清雄書入 一冊
古今役者物語 菱川師宣畫 太田南畝舊藏跋文並ニ近藤重藏書入 一冊
慈雲尊者梵字 一卷

○内藤湖南氏出品

古寫本論語集解 一冊
天文板論語 二冊
君臣故事 五山版 一冊
人天寶鑑 同 一冊
蕉堅藁 配抄語錄 五山版 三冊

古書展覧会列品目録（部分・千代田図書館蔵）

磯野秋渚、水落露石、近藤南洲、西村天囚、永田有翠、富岡鉄斎謙蔵父子、内藤湖南、渡辺霞亭、打越晴亭、小山暁杜、田村桑畝、藤井乙男、狩野直喜、岩崎氏言、岡本橘仙、和田維四郎、伊藤孝彦、平瀬三七雄、桃木武平、外山苔煙、杉浦丘園、山田連、大槻如電、三和市蔵、加賀翠渓、藤沢南岳、幸田成友、和久正辰、水谷不倒、高安六郎、水木要太郎、小川為次郎、山田新月、村口半次郎氏

なんど天下に名だゝる珍襲家の出品だけあつて一つとして愛書家好事家の垂涎ならぬはなくそれに松雲堂の古襲蔵書古井翁の遺愛品等一点の無駄はなく、九時の開催を待ち兼ねて奈良、京都、神戸あたりよりの好事家一点漏らさじと一々手にとつての観覧全く前例を見ない展覧会で狭い一室の観覧を終るさへなか〳〵手間取れる故翁の遺愛、平賀源内の手写になる日本最初の油絵から小山氏出陳の師宣画の高屛風くだ物語富岡氏大田南畝旧蔵の古今役者物語など軟派の好事家の注意を惹き、篠崎小竹の故翁《(ママ)》を淡路の諸家の紹介状、近いものでは湖南博士の当主静七氏に北京の書肆の模様を報じた書簡など故翁の知交など肯かれる之だけ秘蔵の珍本善書を聚めた同店の信用も偲ばしめる

（「大阪毎日新聞」大正七年二月二十五日）

資料14　『餘霞日記』（抄）

三代目餘霞は、明治二十四年（一八九一）十一月二十九日、十六歳で鹿田松雲堂に丁稚奉公をした。それから一年余りを経た明治二十六年一月から昭和四年（一九二九）十二月までの要用日記が残されている。「第壱号　鉄串記簿／松雲書楼　岩﨑伸四郎」（一冊　明治二十六年一月～明治二十八年十二月　なお／で表表紙と後ろ表紙記載内容を分けている。以下同断）、「第弐号　鉄史記簿／岩﨑伸四郎」（一冊　明治二十九年一月～明治三十二年十二月）、「第参号　鉄史記簿／鹿田伸四郎」（一冊　明治三十三年一月〔但し水濡れ付着のため、七月廿五日記事まで判読不可〕～明治三十八年十二月）。以上三冊は横本にて、日誌だけではなく信書発着控、金銭出納覚、衛生記録などの諸覚えも記される。

「明治三十九年一月ヨリ　第四号　要用日誌／三代静七」（一冊　明治三十九年一月～明治四十五年七月三十日・大正元年七月三十一日～十二月）からは日誌のみの構成となる。「大正二年一月始　要用日誌五号　餘霞」（一冊　大正二年一月～大正四年十二月）、「大正五年始　要用日誌六　餘霞」（一冊　大正五年一月～大正七年十二月）、「大正八年始　要用日誌七　餘霞」（一冊　大正八年一月～大正十年十二月）、「大正十一年始　要用日誌八　餘霞」（一冊　大正十一年一月～昭和四年十二月）。但し昭和三年九月一日からは文一の代筆と目される。

明治二十年代から昭和の初年代まで、事柄本位に記されている日誌ではあるが、流転する古典籍の動静を覗い知りうる史料的価値は大きい。このほかに日記類として二代古丼関係で「〔鹿田古丼明治二十四年上京日記〕」一冊、二代目最晩年からの病床日記である「五年継続緊要日記」一冊などが残されている。

今紙面の都合もあり、第壱号の要用日誌全てと、第弐号・第参号からごく一部を抄録して掲載した。

《翻刻凡例》

○カタカナ表記は原則ひらがな表記にした。一部任意にカタカナのままとした箇所もある。

○句読点等付されていないため、判読の便宜をはかり、任意に一字あけている。

○本文には訂正や挿入などもなされているが、一つ一つ指摘せず、その指示に従い訂正し終えた本文としている。

○《図版》としたのは本文に絵で記されたものである。適宜本文中に指摘し、別途図版として掲げた。【　】内は翻刻者による記述。

なお第弐号・第参号は紙面の都合により抄録としたため、〈　〉〔　〕で年月等が分かるよう配慮した。

第壱号「鉄串記簿」　松雲書楼　岩﨑伸四郎

要用日記

明治二十六年一月

元旦

兄貴氏言祝賀として来訪　午後散歩千日前に至る　落語を聞く　六時帰店
三日
京都人　文石堂北村君等と南に遊歩し　法善寺落語席に至る　実に抱腹絶倒（北村氏は客臘より当店に居らる）
夜八時過　警鐘を聞く　驚然戸外に出れば火勢焔々として目前にあり　火元は備後町井池にして当店を去八町に過ず　是夜非常に烈風にして如何になるやと胸々たりし　然れとも幸に消防の尽力により某寺の本堂を焼失して鎮火せしは不幸中の幸と云可し
　附記す　昨年十二月卅一日夜　電火雷鳴あり
一月十七日
本月十五日　書籍月報発兑より実に非常の多忙　夜間勉学余閑なし　閉口〳〵
一月廿三日
文石堂北村泰次君帰京せらる　主人送て共に京都に行る
一月廿九日
両三日以前より腰部に腫物出来　行歩難成　多忙中実に困却
二月一日
　当時当古典部には小生一人の他に一人の雇人なき故多忙窮なり　紋日出歩く

今日土佐堀青年会場にて民党改進職の代議士島田三郎　加藤政之助　田中正造君等の外数名の演話大会あり　幸に或人より通券を得たれば　午後早々会場に至れば　門前に警官数十名臨席して余輩の生年月日を問ひ　而して未成年者として場内に入を許さず　実に遺憾やる方なかりき　只場内の拍手の声を聞くのみ

二月二日

節分にて　当地の風俗として御化《ばけ》と称へ婦人男装をなすあり　未通娘の妻君と化るあり　上下を着し大小を横へ氏神に参詣するあり　千差万別各異装をなして市中を横行す　余も夜御霊稲荷等の各社に詣ず　（銭）（銭）（銭）頂戴

二月三日

不在中兄貴来店　蓋し先達中より帰京中　今日来阪の由

二月十三日

昨日来非常の酷寒にて　寒暖計正午に氷点以下に下る　数度加るに烈風颶々　塵土を龍巻し　凡の歩眼を開く可らず　店頭は為に降霜の如し　実に当地にては数来レ年未曾有寒気と聞く　加之之烈風に警鐘を聞く　前後四回　然れとも皆大災に至らずして已む　殊に十二日正午の如き　当店西隣大崎氏二階より出火し　今や大事に至らんとせり　然れとも幸に即時鎮火せんは僥倖とこそ云可し

二月十五日

我同業者田辺要蔵君　柳原氏の令嬢と耦を結る　吾が主人　之が
媒たり　是日荷送の盛儀を行る　箪笥長持十数荷列町余に及ぶ
儀式甚だ厳粛にして心斎橋を南し以て田辺氏
に至る　両家にして祝儀　1en40sen　大

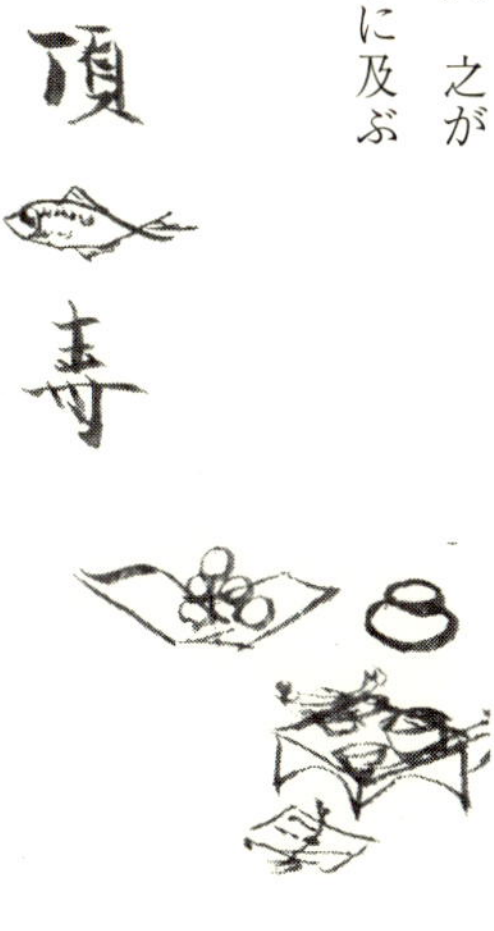

《図版》

二月廿二日
植山氏娘　昨日廿六才を一期として死去す
今日葬礼　予代理して会葬す

二月廿四日
本日柳原氏へ田辺氏の婿入にて　予も主人の供倶をなす　又々両家にて御祝儀

《図版》等　1ean20sen 頂戴す

二月二十八日
昨日来降雪　今朝一面の銀世界　寒気甚し　今朝三時頃より腹痛下淋数回　今日節季　推て点取に
行く実に困難

三月二日
兄氏言来阪　従前の如く豊浦氏に在留由

三月拾七日
　今日月報発兌　多忙例之通
四月三日
　神武天皇祭
　一日以来降雨　今朝一天拭が如し　書林青年会運動会を住吉公園地に挙行す　商用あり　参会を得ず　午後主人上京　予も南地へ遊歩　落語を聞く　実にをもしろし
四月七日
　松宝君東上す　書籍商大市会へ参列の為　赤志氏及司氏令娘同伴
四月十日
　当市一般天然痘流行　且幼年者に有ずして壮年以上の者に多く伝染す　予も生駒医師に種痘を得
四月十一日
　堀江孝橋氏　令息に妻を娶らる　今日結婚式を挙らる
四月十五日
　主人　澄川氏と共に吉野へ観桜に赴る　当地にては当日より三日間　造幣局構内の桜花観覧を許す由
四月十九日

当日堀江孝橋氏婿入　主人随伴　予御供倶をなす　御祝儀酒飯料金壱円頂戴す
四月二十五日
昨夜十一時半頃より雷鳴轟き　頃して車軸を流す暴風雨となり　雷鳴嗷々凄く雹霰を降し　午前二時頃雷鳴は止みたるも　暴風愈々烈く　為に今朝非常の冷気を覚えたり
四月三十日
本日節季多忙　夜主人より小使として金壱円給らる
五月一日
夜　主人和歌山へ赴る　十二時　当川口を出帆する由
五月十四日
余　住吉神社に文庫あり　稀世之書冊存在すと聞こと久し　今日其虫干之盛典たり　偶主人の供倶を得　其秘冊を観る　実に天下の奇書珍籍を蒐輯網羅し一備ざると云なし　典終て社前に於て整粛なる祭式を行る　後同業諸士と懇信の莚を同地小山楼に張る　予も亦た其席末に班す　薄暮　汽笛一声店に帰る
五月十九日
先年大破裂を生じ　非常の凄状を呈たる彼の岩代国なる磐梯山と相並べる吾妻嶽　今日午前一時頃噴火して大破裂をなし　溶石を噴出し灰砂を飛し　近傍数里の間震動今に息ず　然れとも山間の僻

地たれば　先年の如き人畜の死傷等はなかる可し
数年前より　我国と朝鮮との間に起て　遷遥今日に至て未だ何たる処分を成ざる彼の元山防穀事件
今回の公使たる大石氏厳重なる談判なし　而して尚韓廷の優柔不断たる　遂に国際の和親を危くせ
んとするに至たるが　今日午後四時　終に無事其事件を落着したり

五月二十三日
兄貴来阪西店に来訪す　肺病の気味あり　当地吉益病院にて診察を受て居る由聞く　今朝早速安治
川なる山口喜代志氏方に至り面接す　あまり差たる事の無由に付　安意す　山口氏も昨年五月より
神戸を引越　当今の所へ転居す　善い宅也　同氏令妻に面会す　満二年ぶりなり

六月二日
色々の病気も有物かな　先月以来長崎地方にて狂犬病なる者流行す　此病にかゝる犬に　若し嚙る
時　数日を経て死亡すと　此病近来当市へも伝染せりと見へ　昨日も当店の向なる土屋の飼犬　同
時に二人迄にも嚙み　直に撲殺せられたり　尚他に伝染之模様ある由と　でもうるさき事なるかな

六月十八日
兄氏言来阪　当日中は在阪之由申居る

六月廿二日
当年春季　店務多忙にて帰京の閑を得ず　頃日主人より許可を得　然れとも時恰も霖雨之候　日々

降雨　為に両三日を延引す　而して今日に至て尚晴れず　断然意を決て　午前八時三十分　梅田停車場を発して帰京す　十時　七条ステーションに着す　直に腕車を駆て家に着く　皆無恙
午後富岡氏及松宝北堂を訪ひ　帰路疏水に至り　明後二十八年開設する四回勧業博覧の敷地を一見す

二十三日

爽昧　兄弟二人宇治伏見の名所古蹟を訪んとす　歩行七条に至り竹田街道を南す　行一里余　伏見に達し京橋に出ず　橋は宇治川の碧水分流之所に架し　伏阪間之通船停船の地たり　両浜之戸々皆回漕業たらざるなし　橋を過ぎ川に沿て東し　遂に豊後橋に至る　橋上左顧すれば　山巒之奇水波之明媚　絶景曰ん方なし　橋を渡る　長堤に沿て尚路を東に取り十数町　一前落に達す　古刹あり黄檗山を訪んと欲せば東岸に至らざる可らず　乃ち舟を呼て対岸に達す　行数丁にして寺に至る梵刹甚だ広大にして　殿堂楼門之奇巧巨麗　皆古色を帯ざるなし　且つ本堂に置く所の薬師十二神《十八羅漢なるか》鹿像之如き　其彫刻の妙腕　真に古代美術を想見せしむ　寺に一切経之蔵板あり　附て見るその梓の鴻大に人目を驚奇せしむ　寺門を出で　左方に丘を見　右方に長堤を望で　尚東する半里余　宇治市に至る頃して一大橋を見る　即ち宇治橋たり　橋上欄に架ししめ東望すれば　蒼翠たる両峯の間より　碧流滔々として怪巌に乱麗し　其急流名状す可らず　一葉之漁舟流に従て疾き矢を射が如く橋下に至て　広哀恰も大湖の如し　橋を渡り右折し平等院に至り　有名なる鳳凰堂を見る

堂は寺の北辺に有り　以て鳳凰の空に飛揚するに擬す　左右の高楼回廊を両翼とし　其後廊を尾とす　尚棟上に金銅を以て雄雌の鳳凰を造るありて　風に随て転舞とは奇工驚く可し　側に榜ありて記すあり　曰く今を去る千百余年前後　陽成天皇之朝　河原左大臣の此堂を造営する所たり云々と又其左側に一堂あり　釣殿と云ふ　皆古色燦然として人目を眩奪せざるなし　堂前の芝上に厨を開き　瓢を尽て英気を養ひ　酔歩寺を出で　以前之橋下に至る　渡舟あり　伏見に至ると即ち舟に上り　水急に舟軽く　暫にして伏見に達す　時既に五時を過ぐ　即ち歩を急にして又竹田街道を取り帰路に着く　家に達するは時已に九時を過ぎたり

二十四日

夜　京極俄席へ行く

二十五日

十二時四拾五分　七条発にて帰店す　二時梅田に着す　時恰も噂のサイベリヤ単騎旅行者福島中佐神戸より着と同刻にして　停車場の雑沓名状すべからず　四時過帰店す

七月十五日

当地大川納涼川開し（当店主人等発起人一人）　本年は其開始たれば非常之盛大にして人出多き　実に大阪開府以来未曾有の事なりと　予も隙を得て参覧す

七月十七日

今日御霊神社祭典たり　夜幾代席へ落語をきく
八月十八日
今年の旱魃は実に近年になき事にて　当地など四十数日間《五十六日間と云》二三回の夕立位ありし　已にして井水も
涸る位にて　殊に東国は一層甚敷　諸々に水論を起すあり争闘するあり　惨状聞に堪ざりしか　昨
日以来今日午前迄非常の大雨なり　為に昨日迄は九十六度三にまで昇りし暑気も　大に涼気を感じ
たり　農民の喜び一方ならざる可し
八月廿二日
数日来の降雨にて　美濃尾張等の諸川非常に水勢増し　何れに堤防之破かいして殊に岐阜地方の大
洪水にて　田畝人家の流失人畜の死傷をびだゝしく　実に四五十年以来の大洪水と云ふ　彼之地震
の地未だ固ざるに又此害に遇ふ諸地方之人民実に憐べし
九月三日
平安城遷都千百年紀念祭之為に　彼大極殿を築くに付　今日其地鎮祭を京都にて執行す　且今日よ
り七日間　全市之砂持をなすと云　定めし熱閙の事なる可し
九月四日
西区阿波座突当りより　本日午後十一時半頃出火　十数戸焼失
九月十三日

東区船城町一丁目より又々出火す　戸夫妻二人焼死す　白昼四時頃
九月十四日
夜十時三十分頃　西区京町堀二丁目紀の国橋右詰より出火す　類焼数軒
九月十七日
書籍月報発行　多忙非常なり
九月廿日
夜八時過　周防町鍛治屋町より出火　二三戸延焼
九月廿弐日
【縦覧券（印刷）添付】「東区伏見町三丁目（丼池角）／大阪貯蓄銀行新築縦覧券／九月廿弐日午前八時ヨリ午後四時マデ壱枚壱人当日限」
今日　隣家早川氏の小娘死去につき余輩代理として会葬す　貯蓄銀行移転に付　縦覧券を得たれど前記件にて不得行
九月二十六日
本日午後三時過　石町一丁目より出火　夜十二時前　又々失火　数戸焼失す　所は明治橋南詰め材木納家より
去年以来より当市にて彼の恐べき伝染病赤痢非常の流行にて　昨今気候の不順にて　病勢益々猖厥

にて　日々新患者数十人を見るに至る　恐る可し
九月廿九日
本日夜十一時二十分　京都粟田青蓮院宮火災に罹り　大半烏有にきす　然れとも幸に宝庫等は此災を免れし由　嗚呼此七百有余年前の建築に罹る有名なる堂宇をして一朝烏有となす　惜むべきかな
十月十一日
西京宅より書状にて岡崎小豊治死去の由　報に接す
十月十五日
氏言下阪来店　袷綿入等受取
十月十六日
天皇陛下今日第六議会の召集令を発布せらる　其期日は十一月廿五日也
十月二十五日
午前三時　本町中橋東入和田方より失火　警察の御近所なれば早速鎮火す　併し近来の近火也
十月二十九日
今日午後九時過　又々火事江戸堀阿波殿橋北詰　俗に云長州屋敷より
十一月三日
天長節　午後法善寺落語席へ行く

十一月六日
去る三日以来風邪にて　今朝漸く頭を上ぐ　久しぶりにて閉口す　山田さんに見てもらお
十一月十九日
書籍月報発行　多忙例之通過
十一月二十五日
兄氏言来阪　面会す　病気も遂日快方に趣く由申居る　第五帝国議会本日開会す　三百の口は開か
れ　一億二千の眼は之に注がんとす　愉快々々
十二月四日
議会開会以来政海波荒く　星議長不信任問題囂々として波瀾を起し　遂に昨日星亨を衆議院より除
名するに決す　本日其候補者を撰挙し　楠本正隆氏当選の栄を得たり　夜九時過　堀江橋南詰より
出火す
十二月十五日
高津裏門傍より出火す　類焼八戸　午前三時頃鎮火す
十二月拾九日
帝国議会本日遂に今日より拾五日間停会を命られたり
十二月二十一日

本日西京宅より小包郵便にてどをさ送来る　僕兼て依頼しをきたるに由る

十二月二拾八日

今日午前弐時半過　佐野屋橋南詰より出火す　烈風の際なれど三戸余焼失して鎮火せり

附記す　一昨日及昨日等　毎夜出火なり　前者は難波　後者は新町四丁目　何れも大事に至らず年末之候物騒々々

十二月三十日

第五帝国議会本日解散せらる

明治二十六年を送る

雪は雰々として遠景雲の如く　風は凄々として鋭利刀に似たり　独り机辺に在て熟ら思ふ　歳の忽々として将に尽きんとするを　感慨胸に逼り為す所を知らず　首を低て一歳の得る所を思へば隠然として有が如く　茫然として無が如く　確然得る所の者は一嘆の馬齢に過ず　頻々失ふ所の者は数百の日子のみ　俄然として捉へんとすれとも日月影なく　驚然帰らんとすれど既往道なし　嗚呼是真に誰が愆ぞや　俯て地に哭に仰て天慟するも　今復何をか成ん　若ず後来を慎んと書して以て自ら戒む

附記す　余は明治二十四年十一月二十九日当店へ来也

明治二十七年一月一日

要用日記

一月一日
今朝来飛雪給んとして　一面之銀世界　当地にて実に初雪　午后快晴　例之法善寺落語席へ行く
西京へ年始状を発す
一月二日
午前三時頃より西店初売之提灯持　アーインヨイ〳〵ヨイトマカンヨイ──　──愉快々
一月三日
夜御霊神前　幾代の落語を聞きに行しに　既に〳〵満員不得入　其後不得止内所俄席へ入る　抱腹絶倒　此日終生忘る可ざりし一事あり　余に有ず……嗚呼々々々
主人伊勢参宮せらる
一月九日
本朝午前五時二拾分頃本町心斎橋北へ入ダンツウ商三谷方より出火　南隣倉沢氏及北隣三戸焼失して鎮火せり　一時は当店も如同と心痛したり　然れとも幸に風も無くして大火に至らざりしは実に僥倖なりし　鎮火後倉沢氏へ物品後方付の為め助勢に行く　京都へ其由申送る　後に聞かば同家雇

人の放火なりしと

一月十日

午後六時二十五分強地震あり　殆ど二分間余既に戸外に出んとせり　夜赤志氏近火免の祝宴あり

余も其席に列し御馳走を受く

一月二拾日

例月之月報発兌　多忙々々　勉学之余閑なき勿論之事

二月三日

今日午后七時二拾分頃　南区周防町丼池より出火　折柄西風烈しく二拾余軒程焼失せり

三月三日

夜中橋備後町北へ入東側より出火　数軒焼失　当店よりは程遠からねば随分驚きたり

三月八日

去ル五日ヨリインフルエンザノ気味ニテ病附ス　山田氏ニミテモロヲ　今日ニナシテハサメデネマヲハナレタリ　フキス近ンライ甚ダインフルエンザリウコヲニテシユゲンモ去　ゲリ中ゴロヨリコンニチニイタレテモマダヨロシカラズ　ヤマイニテコンキナクカナニテカキヲク

三月九日

本日は我天皇陛下の大婚満二十五年の祝典を挙行せらる　実に右御祝典は我国にては未だ例あらざ

る大儀にして全国民挙て此盛大なる祝典を奉祝したり

附記す　我帝室の御代々の内にて二十五年間両陛下の並び立ちて政治を治てるゝは　実に僅々十六代程にして　しかも其は多く歴史の分明ならざる神武以降の十数代にして　真正の国史にては
　実に二三の御代に過ぎず

三月二十一日

此日月喰を観察す　本年は例年に無き時間早くして午后十時二十分右の下より欠け始め　同十一時廿分に於て全形の二分五厘を欠け　其をり漸時旧形に復し　翌日霊時十分に全を復す　此日一点の雲なく明かに此を見るを得たり　実に余は生れてから始めてなりし

　二分五厘とは此の位《図版》

四月三日

時維れ桃花爛漫の候　神武天皇祭に属す　遇々閑を得て吹田の桃林を探討せんと欲す　地は摂津の東北僻所に在り　正午居を出て梅田停車場に至る　友人数輩に遇ふ　又此勝を探らんとするもの茲に於て共に車を同ふして北に向ふ　汽笛一声片時にして吹田に着す　車を下り駅を環て行十数町山麓に達す　坂路屈曲漸くして山中に入る　左右遠近目の触るゝ所皆桃花ならざるはなし　花間を穿ち愈々進て益々佳境に入る　遂に其山巓に達す　左右を顧れば瓢葩万点数千万株の挑花谷に懸り嶺に跨り　屢畳（ママ）弥望紅雲の簇るが如く其絶景謂ん方なし　漸時樹下に息ひぬ　対厓に至り渓谷の間

を往来し時の移るを知らず　若し此絶景にして渓水山麓を流るゝ有ば　何ぞ月湖吉野に下らんや
夕陽西に沈むるに及て山を出で、原路を取りて家に帰る　即時此が記を作る
四月十二日
丁稚の身上の哀さ　一年に一度の藪入の百六十日に三日の骨休め　前夜から仕度ソコ〳〵今朝は例之朝寝にも似ぬ勇よい床離れ　汽車にゆられ車に腰を痛めて宅の格子戸ガラリと開けば　これは〳〵宜ふ来たと喜ふ母や弟
午后店の用事も方付　高瀬を下り七条の新店◆岩﨑石炭店と新しき看板……他処の内へ這入た様な心持ち　夜宅へ帰る
十三日
正午ドンを聞て雨風《あめかぜ》浸ての見物　此では骨休めではなく骨痛めなるべし——御苑内車返の桜まだ今日明日は車返す人も有べし　御幸橋を渡り東山の景色捨た物でなし　大極殿博覧会　骨計でも随分立派なり　クルリと廻り知恩院山側に昇り祇園の桜一目見下し　嵐山其所除けの風景釈迦の前で一寸一盃五厘水茶代とは掘々出しもの
夜母や弟と夷座内偽都踊り　一寸見られる
十四日
朝主人を訪ひ不会　帰るさ土岐のき村を尋ぬ　指を繰れば五年振り　歳月の程は早い物　旧主の消

息を知る
午后柊屋にて主人に面会
訓と共に南し五条橋　昔帰る筺築の様世も色〳〵と変る物　七条店に至り東寺見物　空に聳へし《図版（五重）》の塔古刹の名と共に愈高し　寺内の古代彫刻物驚くべき物多し
六時過　店を出て二時間程汽車も待ほどに　夜十一時頃帰宅す
四月二十日
今日田村氏に反物一端頂戴す
五月三日
今朝午前三時過　心斎橋北詰より出火　山本時計や外二軒焼失半焼三四戸
五月六日
今朝午前三時過　道頓堀弁天座より火を失し類焼二十三戸余　実に近来の大火にして煥々として一天紅色と変じ　焔に煙天に漲るの状　壮烈と言語に筆し難し
五月八日
大阪で名も高き栗谷の小倅と孝橋の別品の婚礼
むつまじき今よいの誓ひをしどりの二世も三世のちぎりぞや〳〵

五ツ紋付で提灯持ち壱円三拾銭の仕事とはぼろいぞ〳〵
五月二十日
今日午后三時頃　寛三郎殿来阪　即ちに安治川へ行く　余も同行　豈浦山口氏等に面会す　帰路道頓堀へ廻り　八時過店前にて相別る
六月七日
今日月報発行事故有て延引せしに由る　繁務如例
六月十九日
此頃は彼の梅雨の時候にて　日々降雨せざる可らざるに　今日までも少々の降雨よりなく農民の困難甚しきよし　此は田植時なる故
六月二十一日
東京大地震
今日東京大地震あり　諸製造所の煙突概ね倒れ　人家の損害人畜の死傷等甚多し　実に数十年以来未曾有の激震なり（然れとも当地の何の感んもなかりし）
時間午前二時四十分　震動間四分四十八秒の最大水平動三秒時間に付曲尺二寸五分一厘
六月二十三日
一昨夜西京より来状　今二十三日亡父七周回忌法会を営む云々の報知なり　由を主人に乞て隙を得

午前七時の列車にて帰京す　高瀬店に到る（聞く客月より旧宅より皆々此所へ引移ると）午前九時金閣寺にて挙行の筈にて　母兄等前刻既に到ると聞き　直に車を駆て金閣寺に到る　知交親族等十数名来会せり　堂前にて厳粛なる法式を行ひ　以て霊を祭る　終て墓に詣ず　後ち北野尾張屋にて供養を営む　帰路長窓寺に到り曾祖父及び祖父の墓に詣ず　夜一泊す

廿三日

午前七時発の列車にて帰店す

七月七日より〃十三日まで　御霊神社正遷宮

毎夜賑ひ甚しいさを《（ママ）》です

七月十四日

《図版　旗指物の図　正遷宮大入に付今明日日延》

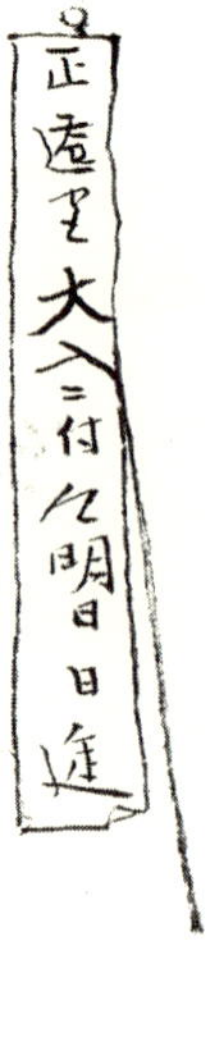

七月十七日

当日は御霊神社の祭典　夜幾代席へ落語を聞く

七月二十八日

六月五日　我国兵を朝鮮に派遣す　此より先朝鮮に内乱あり　東学党と云ふ国政を改革するを以て名とし勢甚猖獗　韓兵此に敵し難く　賊党将に京城に迫らんとす　於是韓廷為す所を知ず狼狽　援兵を清国に請ふ　清国兵数千を送て之を鎮撫せんとす　然れとも苟兵を朝鮮に出さんとせば条約上

我に一応の知照を要す　即ち我に告るに居留民の保護を以てす　蓋し清国の兵を韓廷に派するや名は賊党を追討するを以てすれど　実は此機を以て彼平素志す所の該国を以て己が藩屏の実を挙げんと欲する也　於是我国も又居留民保護すとして　彼に先て一旅団の兵を派するに至れり　而して両国兵未だ該邦に上陸せざるに　先て乱党既に平く　両後日　清国兵を駐在して撤せず　我は韓廷に逼に弊政を改革し清国の藩屏を脱し　先づ彼が兵を撤せしめ　以て独立の実を挙くるを以てす　而して清は此反対に出で乱党の鎮撫転じて両国の争となり　平和は遂に破れて干戈を動すに至り　彼は海陸数万の兵を募て出師の準備をなし　我之に応じて予備兵を召集をなす　爾後機迫て今や交戦は始まれり　于時明治二十七年七月二十五日　朝鮮南陽湾附近の海上に清艦先つ我艦に発砲し我之に応じて対戦する　二時間余　遂に千五百の陸兵を満載したる兵艦を撃破没せしめ一軍艦及八十の海兵を補拿し　二隻の軍艦を逃去せしむるの天徳を得たり　嗚呼大和男子の鉄腸は著たり　快何ぞ之に若んや　先是三日朝鮮兵京城に於て我兵に向て発砲す　我之に応戦する僅々十五分間にして之を撃破し　彼の砲門二十門小銃二千余挺を捕拿す　彼之に死する者十余人而して我兵の死者二人已矣

八月三日

我天皇陛下　今日清国友諸外国に開戦の公布をなしぬ　我国民に宣戦の詔勅を下たり

七月二十九日

今日朝鮮牙山附近成観と云所にて我陸兵と清兵と一大対戦あり　戦は午前三時より始まり凡五時間の長きに渉り　遂に我兵大勝清兵を駆逐し進て牙山を救ふに至る　此戦清兵死傷する者五百余人我兵の死傷者僅々七十余名

九月十四日

我大元帥陛下昨日東京御発輦　今日午后三時三十分　当地を御通過遊さる　蓋大本営を広島へ進られしに由り該地へ行幸遊さるゝに由る

九月十六日

京都より兄入来々店来訪

月報発兌　多忙々々々

九月十七日

昨十六日払暁朝鮮平壌にて一大戦争あり　我軍大勝利を得たり　此役や清兵其数実に二万余　我兵も此に相当す　対戦すること数時　遂に平壌を略取す　敵の死者二千余者傷者無数生捕者六百人捕拿物山の如し　我兵も死傷者五百余人あり　此報本夕当地に達す　はや市民各国旗を立て球燈を上げ以て戦勝を賀せり

九月十九日

貯蓄銀行使用印　前月頃より紛失　種々捜索不知止不得今日其届出をなし　改印の手続を成す

九月廿日
去十六日黄海海洋島附近にて日清間第二の海戦あり　又々我軍の勝利たり　此戦争敵艦十四隻我艦十一隻にして其結果終に敵艦四隻を撃没し三船を焼失し　他は辛じて本国の方に逃げたるも非常之大破損にて再び用を成ざる可し　我艦は沈没は一隻も有ざるも松島始め他之隻は中々大破の由聞く
十月三日
当日天満神社聖廟文庫虫干　余も手伝として行く　珍書奇籍随分多し
十月十五日
今日我天皇陛下臨時帝国議会を広嶋に召集され開院式を挙らる　但し本会之会期は七日間也
十一月三日
今日は天長の佳節にして　加ふる我征清軍連戦連勝　第一軍は既に鴨緑江を渡し九連鳳凰の諸城を占領し　第二軍も又金洲半島に上陸し旅順口を陥る近きあらん事なれば　其祝賀を兼て当市中今日の盛況　実に未曾有の事にして　当町の如き数日以前より之が準備をなし　各辻々に方三丈余の大国旗を交叉し　午前十時より書籍商集会所楼上に於て一大宴会を張り　夜に入にては千二百燭光の電灯を点火するなど其盛況筆に尽し難し　其他各町とも緑川を造り祝勝戦旗を交叉し　道路を行く恰も隧道の中を行が如く　雑沓群集云ん方なし
予も当日城東練兵場にて行ふ観兵式を見る　数万の兵士列を整て行進す　壮絶快絶　夜幾代席に行

く　此又抱腹絶倒

十一月二十六日

去二十二日　征清第二軍大挙して海陸より旅順口を陥る　此報昨日達してより昨今市中狂が如く国旗珠燈を上げ如何なる辺趣に至るも　各町種々の国旗を交叉せざるなし　蓋し旅順の占領は一般国民の待に待たる事なれど　実に此所を取れば清国の運命も旦夕に迫るが如云可し

今日月報発兌配達に東南に行く　時恰も善し　数日前より評判ありし米国人某が南地より軽気球に乗して空中に昇騰せる時にして　予が天王寺梅屋敷近傍を通行せる頃　軽気球丈漸々瓦斯の消滅に由り　今や将に遂落せん模様なる故　引返し其跡を遂ひしに　球遂に上ノ宮に降下せり　其地上に在るを見るに実に非常に大なる者にして　殆ど一家屋の如し　球は近傍の工夫農夫等数百人求集し手に手に捕合ん　漸時にして影も形も無き様に成したり　予も其製の残遍少許を分捕して帰れり　今保在して理学の参考に供せんと欲してなり　翌日新聞にて見れば　此球は価千円許の品にして外人は之が為に非常に激怒せる由

十二月十六日

当日　寺村之娘子婚礼　小生も御供す

明治二十八年

当用日記

一月一日
午后二時発車にて帰宅
潤次郎が昨冬より帰京　久振にて面会
夜京極俄席見物　夜当店石炭之初荷　喧噪睡に難付聞く　近来石炭甚好景気なりと
二日
翌日正午宅を辞し寛三郎氏と倶に神戸見物　三時大坂に着し安治川に至に商用済し九時商船会社汽船に上る　船は極めて小なる小蒸汽船にして赤穂丸と云ふ　出港を待数時　十二時に至て漸く錨を揚げ船天保山沖に掛る頃　一天俄に墨を流が如く暴風此に倶て至り　船休蕩揺甚し　船愈西し西之宮に至る頃　風益荒く激浪洶湧　巨浪山の如く哮吼喧閧轟雷の怒るが如く　上下動揺履と欲する者数余輩　未だ船に習はず　眩怖敢て起ず　苦痛云ん方なく殆ど生色なし　然れども機関士等甚だ従容々高声に放歌す　余輩此が為に精神少々和ぐ　既にして船遥に進行し午前三時頃兵庫港に着す　桟橋に揚て真に蘇生の思を成たり
三日
商船会社待合所に於て夜を徹し未明海岸に沿て直に和田岬に向ふ　時未だ太陽地平線に昇らず　丹陽海上に映じ海波焼が如く僅かに神戸兵庫港内を見る……真に此東洋之一大要港……摩耶武庫の連

山遠く成て一大湾曲をなし　海水深して深緑色を帯び如何なる大艦巨船も泊するを得可し　遥かに数里之沖には魏然たる巨艦三々五々相停泊し帆檣林立往来之内外国船実に織が如し　既にして岬に達し和楽園及び燈台等を見る小路を取て神戸市に至り湊川の堤上に上る　左顧すれば摩耶の連山蜿蝘（蜒）起伏し山に依て家屋櫛比し皆白亜の大厦巨館其商業繁栄を想見せしむ　堤上を右に折れ海浜に出て桟橋を渡る　停泊中の諸船を見る一は英国の汽船なる可く今積荷の半たり　一は初船会社之汽船広島丸にして何れも非常之大船にして長経殆ど町許たり　其より浜に沿て外人居留地遊円場及び呉造船支場等を縦覧し遂に布引の瀧に至る　砕玉空に飛び跳号砕激実に布を曳たるが如し　帰路湊川神社に拝す　境内広闊清麗神前に跪して余輩等と雖も暗に涙に烟ぶ　有名なる水戸侯の建碑を拝し辞て神戸停車場に至り帰坂す　店に達する時既に四時を過たり

一月九日

氏言氏入来

一月弐十九日

参謀総長織仁親王殿下　去廿四日御薨去　今日東京にて国葬執行

主人東上　此日月報発行　多忙例に倍す

二月七日

我方二軍去一月十七日頃より威海衛を攻撃せん為め山東角栄城湾に上陸して威海衛に進撃し　本月

一日其東之砲台百尺厓所と云を陥し　漸時進て一昨日頃之を全く占領せりと云　又此所には清国北洋艦隊の諸艦十数艘潜伏し居る事なれば戦は陸海共通にして実に非常の大戦なり　今日も我水雷艇港内に進入し鎮遠完遠両大艦外一隻を撃没せしめたりと今日新聞は号外を出せり　其詳報の達する近日に在可し　附記す前記百尺厓所の戦には大寺旅団長戦死せりと云

主人今日帰店

二月二十日

今日は実に目出度祝す可き日じや　何となれば我大帝国の海陸之兵士の奮闘のあかつきはどをどを北洋艦隊ををちやく〳〵無茶苦茶に仕て仕舞て一昨日敵は白旗を掲げて　劉々島の島影からでゞ来一昨日は其兵士大将をゆるして各郷里へ帰らさしめ　其撃残り之軍艦完遠始め十艘を取たとの大吉報の号外がきたからじや　大日本帝国万歳海陸軍万々歳と云てくれ

二月二十四日

去る十九日第三回目の諸和使李鴻章馬関に来りて降を轅門に請ふ　我国伊藤陸奥之両大臣をして之と会見せしむ　一昨二十二日第一回の会見を済し今日も会見をなし帰途午后五時一兇徒の為に狙撃せられ一大騒動を引起せり　然れども李の負傷は左眼下に軽傷を負ひし巳なりしは不幸中の幸とも云可し

昨日我混成枝隊台湾の隣島「フキジーアイランド」を占領せりとの報大本営に達せり　台湾島を手

に入る　蓋し数日の内に有らん

二十九日

今日之夜の十一時から三日間兼て余ツ程前から噂の有る第四師団の総繰出しじや　其道筋馬場から本町　本町から中の島ステンシヨ迄での人出と云者はそれは〳〵夜は電気やかゞりを点じ　所謂不夜城と云ふ有様じや　己れも何度も見送り万歳の十万も叫んだ　あゝ万歳々やい　どいつもこいつも最と万歳をとなえてくれんか

三十一日

今日我大元帥陛下李公使の負傷を慇し玉ひ特別を以て今日より三週間の間無条件を以て休戦被仰出さる　蓋し彼会見の初より只休戦斗り嘆願し吾々此に許さんには重大の条件を担保となさんとせるによに談判の纏ざるに由る

四月一日

本日月報発兌

兼て待に待たる第四回内国博覧会の開会式を挙行せらる　実に京都は今日より非常之熱闘の地となららん

四月十六日

今日蓮井氏娘帰京に付送旁余も京都エ行　午前雨天なりしが京に着ける頃　晴天となる

十七日
早朝より両三年前より待に待たる第四回勧業大博覧会を見物す　実に壮大目を驚す計り　陳列之物品数十万何れも精巧品たらざるなし　内にも有名なるは裸美人壱万五千円の屏風サンライスの広告なり　終日見物七時過帰宅し一泊す
《図版　後日参考の為略図を画く》

十八日
午後七時発列車にて帰店す
今回の帰宅は実に不愉快を以て終れり　記行を造る勇気なし
昨日清国と講和条件成る　盛京半島及び台湾及び其隣島を割譲し二億両の償金を取る

二十七日
今日天皇陛下広島より京都へ御啓あらせられ且大本営を同地に遷さる

五月十三日

今日清国との講和条約を公布せられ　且つ戦争収局の詔勅を発せらる　其詔勅を拝読し余は覚えず切歯扼腕涙を垂れたし　其は今回の清国との条約に対して露仏独の三国同盟にて之に容求し　我政府に告ぐるに盛京半島を占領せざらんことを以てしたり　殊に魯国の如き多くの軍隊を東洋に派出し其回答左右に拠て又もや東洋平和の攪乱せんと欲せり　此に於をや我政府も今日之状勢不止得て涙を揮ひ怨を呑で彼等が請求する処を承諾したり　之が為に和平を破らずして事平ぐるを得たり而して其詔勅は之の始末を国民に詔られし者なりし也

五月十五日

大日朝日新聞今日発行停止せらる

五月二十四日

今日午前二時心斎橋瓦町北へ入西側より失火　四戸焼失当店よりは程遠からざるに付随分相騒げり予は陶器商森重方へ馳付消火　遁仕度を手伝ふ　西京より見舞状も来る

六月四日

今夜より三日間東町船場校にて書林之青年輩打寄りし　田村君之が教授とあり　軍歌及び兵式体操の練習をなす　之は来る七日より三ケ間当市の大凱旋祝賀会の催し有るに由り之が余興の為に出でんが為なり　余も一度赴きしが中々面白く十二三を頭に三十位もの人物打寄りガヤ〳〵と小児の似

ね　右向け―右え―総隊進め―

五日

当夜当家主人の発起にて向い集会所にて衛生談話会を催す　牛尾小磯池田等の諸氏弁士たり　中々盛会なりし　中にも池田君の日本人種矮少に付ての談話あり　大に予輩の耳を傾けたり（其説大略は別紙冊に有り）

六日夜

学校へ軍歌体操の練習に赴く　来り会する者二百余人

七日

当日は愈当市凱旋祝賀軍隊歓迎会の当日にして早朝より好天気拭が如く市中町々中ノ島式場の光景大手門前の雑沓　蓋し予輩筆の尽す所に有らず　当日祝賀会に列するは会員は実に三万有余にして式場内立錐の余地なし　午后三時比より我書林組合も体列を組で市中を行進す　其人員大約三百有余にして各一定の服装兵士に模たる洋服を着し手に組合の徽章の小旗を携へ最先に紫縮緬の大旗及び聯隊旗を風に飜し喇叭手及び風琴隊十数人之に継ぎ総員を四小隊に分け新作軍歌を合唱して行進す　其隊列の整々堂々たる　実に傍辺の人に万歳を唱へられたり　道は安土町を東に堺筋を北中井分店に至て同店より接待を受け高麗橋を西朝日新聞社に同所の傍に息ふ　其より西江の子島に至り大坂府庁の前に至て各隊整列して　一斉天皇陛下万歳大坂市及び書籍商万歳を三呼す　時既に薄暮

けり　此に於て小旗に換ゆるに提燈を以てし　之を高く掲げ所謂点火運動を行ふ　府庁を一周し京町堀を東心斎橋を南に各書店の前に至て万歳を弥呼し南松村氏に至る　其数百人紅火を掲げ軍歌を高く唱へ整々として行進す　其勇壮活発なる路傍数万の見る物敢て語を発する者なり　其愉快真に予輩生て以来未曾有の事なりし

八日

昨夜から雨がボツ〳〵と降り出し　今朝も未だ中々霰れぬから大坂全市中の人の失望気抜のしたる如く　殊に吾々等の本屋連中も今日は住吉へ行く予定なれば殊更皆々大落胆と云ふ有様で有つた所が　昼過から雨もボツ〳〵と霰れ出したからそらこそと吾も吾もと集会所へ詰掛　俄に此れから行と云事に成て又々学校から繰り出し湊町へと行列をした　今日は大分練習したと見えて中々足並軍歌も揃ひ吾々本屋鼻高ふした　汽車に乗る時も各一隊づゝ整列して乗こんだ所が今日は又メリヤスヤの連中の大運動会とやらで同勢大方十七八分計りのガヤ〳〵連中ステンシヨーへオシ掛　それは〳〵エライ混雑で有た　住吉へ着て社の前に至りクルッと同勢二百余人打並び喇叭の一声と共に軍歌を唱へ天皇陛下の万歳をとなへた時なぞは実に愉快で有た　其から松原で二時間程遊び暮てから住吉を出で八時頃大坂へ帰た所が其のにぎやかな事　いやはや驚く計りにや　吾々もぢつとして居られず踊つた〳〵　あゝエライやつじや〳〵万歳じや〳〵

九日

祝賀会も今日限と云事ですから夜になると例の踊連中のくるい出た事と云事は実に非常のことで御座り升た　しかし私は前日より草臥から今日はからだが続きせんから踊を出るのを休めました
六月二十九日　相原より呼無
七月六日
虎軍非常に進撃勢甚猖厥日々此に遇物数十人
七月十二日
寛三郎君入来　去月より潤二郎氏当地本田二番町半田綿行へ入来之由聞き同伴して安治川山口を訪ひ半田綿行に至て潤氏に面会し　帰路京町橋にて飯を喫し相分る　時九時前後になりし
二十一日
潤氏半田綿行を辞し来店鎌井へ泊る　夜訪問す　翌日氏の伴に付主人へ依頼し神戸広瀬氏への添書を願ふ
二十五日
午后二時過鎌井より車を以て潤次郎氏病気に付相談致たき義有之　早速此車にて来れ云々との手紙来る　時節柄実に驚愕直に取物も取あへず行たれば格別の事もなく　只朝来腹痛にて大に困却したれど今は納まりて苦痛も格別ならずと聞き大に安心したり　虎刺病者今日府下丈で九十三人の多数に昇る　其後一日百四十人を出すに至る

二十六日
今日夜潤次郎氏病気保養旁一旦京都へ帰らる夜汽車にて帰る　停車場迄見送る
八月拾七日
去る拾日頃より中暑にて今日は病臥す　山田氏に薬を乞ひ甚閉口したり
九月一日
去日中暑ならんと山田先生の診察は全く見分は不十分なりしにて　略平癒と思ひし頃足愈腫出せしより又々氏に見てもらいしに　始て其脚気病たる事判明し再来今日迄凡二週間程引罷居たり　昨今に至て略此も全快上りたり　一時は京都か須磨へでも転地せんかと思ひたりし
九月七日
午前八時三十分発列車にて須磨へ行　老母公娘氏等転居に付尋旁行く　要用を済し保養浚温泉場等に行く　渺々たる大海原海岸の松声所謂須磨の松風風光絶景也　六時廿四分の列車にて帰店す
九月十八日
潤次郎氏入来　但し先日本家主人へ依頼せし神戸広瀬氏へ頼之件に由る　即時神戸へ下る　翌日又来店　神戸銀行既に満員の由に付今漸時入員の入用無之由申限らる
九月十九日
夜自然堂病院へ見舞に行く　但し少娘の病気入院に由る

十月四日
月報発兌多忙也　潤氏来店氏之件に付広瀬満正氏に依頼を主人等頼みたる件にて也　夜広瀬氏入来面会　潤氏への伝言を聞く泉屋銀行へ来れとの事也
拾一月三日
天長節近年になき朝来雨天　午后泉屋銀行を訪ひ潤氏に面会す南へ行　落語をきく
拾一月五日
北白川近衛師団長殿下征台中御病気　本日東京御着　午前七時十五分遂に薨去遊さる
拾一月拾日
一昨八日九日及び今日の三日間集会所に於て唐本類展覧会をなす　蓋し京都宇田淵氏の所蔵の一部を当方に買請しなり　実に唐本類は昨今御主人の熱望する者而にして蓋し近年稀なる物なり　当地の諸先生皆相会す愉快極なし　午后相原より呼に来る
拾一月十三日
今日は当市が数年以前より巨額の費用を擲て計画し漸く当今に至て成就したる彼の上水道工事の落成式なり　午后用を得て見物す　水にて種々の奇観をなし花火其他の余興もあり中々盛大なる事なりし
拾一月二十日

氏言入来せらる　寛氏五条扇や　清助方へ赴たる由

拾一月二十三日
今日商用旁帰京　午后入札席に列す　夜文石堂を尋ぬ　久し振泰次君に面会す　蓋し近来病気して帰宅之由なり

二十四日
早朝宇田淵氏方へ用向あり行く　電気にて帰宅　其より早速兄氏ともにて高雄の紅葉見物　余京都の者にして未だ該所の絶景を知らず　行て其名に過る数等なりを覚ゆ　午后七時過帰宅す　食を終り直に停車場へ出で九時三十分の発車にて帰店す

拾二月拾五日
西京宅より用事あり一夜帰京すべしと由来る　午后六時の発車にて帰京

拾六日
早朝より店の用事を済し夜六時発車にて帰坂　着坂後泉屋行　潤氏を訪ふ拾時頃帰宅

十二月三十一日
当年は非常之好景気にして当店等も近年になき収入なりし　夜主人より賞与金として金五円贈らる
茲に二十八年も無事に送る目出度々々々

第弐号「鉄史記簿」　岩﨑伸四郎　【以下、一部抄録】

〈明治二十九年一月より　要用日記〉

七月五日

今日早朝より住吉神社御文庫書籍整理に付手伝として行く

帰路南演舞場にて催す共楽会へ梅原忠氏に伴れ行　数番見物して夜八時頃帰宅す　甚だ愉快なりし

九月八日

嗚呼天何ぞ無情なる　去る三十日大雨害の災害未だ癒ざるに　又もや恐るべき大洪水は来れり　去る三日以来灌雨降続き今八日に至る迄殆ど五日片時も止む間なく　人々出水如何と気遣居りしに果して近江湖水火出水の警報至るも間もなく　近畿の各川暴張の報陸続として来り　就中澱河の出水は激烈にして　今日午後より夜に入るや当市川沿の家々の狼狽甚敷　予も夜八時過洪水見舞として中の島堂島近傍に行たり　至りし頃は既に堂島土佐堀曾根崎等の諸川両岸に溢れ出て丶街路を浸し　甚敷所にては牀上に達せる有り　見舞の家に至らんとせば膝以上浸水の処をサブ〱と行かざる可らず　さらば此近傍の騒動は恰も火事場の如く　各戸高張提灯を高く掲げ遁る人　見舞の人右往左往に行かひ引もきらず　処々には篝火を点じ要実の橋上には石を置きて流失を防ぎ中には往来止めの処もあるなど其惨憺たる筆跡に尽し難し。実に予等は斯る事は始めて見る事にて水見舞などは臍尾切ての事なり

〈三拾年一月より 要用日誌〉

[二月] 二日 晴
午後田村氏へ行く 帰路南へ行 千日前旧大名行列陳列の人形を観る 細工絶妙也大に得る所ありたり 次で曲馬を見る 致方なきまづい者 ちやり子の大曲馬を見し目には到底見るに耐へぬ
夜幾代席へ落語を聞く 十時過帰宅
三月二十七日
母と共に来阪松宝家に到る
夜結婚の式を挙ぐ 此より先松宝八千三氏媒介となり数度奔走せられ終に去る二月十五日松宝北堂結納を持参せられ 本日愈其式日となる 六時過店の小僧二人出迎に来る 即ち松宝北堂、母上兄上と共に鹿田家に到る 暫時休息の後三三九度の式を済し父母姉妹の挨拶終り続て親族列座の後宴会となる 今夜列席の人々赤志柏原石塚孝橋主人同母公吉田老母公等の数氏にして実に非常の盛典なりし 其開きしは既に翌二十八日午前四時頃ときく
四月十五日
山口昌寿氏葬礼会葬の後 平野多治見氏を訪ふ 図書展覧会出品書目借入の為め行
[四月] 十七日十八日

両日書籍商集会所にて図書展覧会を催す　実に非常之奇籍珍書而已沢山陳列せり　甚だ盛会にして殊に愉快なりし　十八日夜は平瀬氏入来　夜十一時頃迄居らる

四月二十一日

伊豆天城動彦氏より商用の為め京都千切屋より呼に来る　朝一番列車にて上京　直に同氏を訪ひ同道して川上車馬監を尋ね用事合済し上同道して絵画陳列共進会五二会品評会新古美術展員会等順覧し尚四時過より銀閣寺を見物す　実に非常の楽みなりし

午后六時過帰路につき旅宿へ天城氏を送りし後　直に田中治兵衛方を訪ひしに不図も父上上京せられ居る　直に面会す　澄川拙三先生旧蔵書買入しが為めなり

夜西洞院宅にて一泊す

［四月］二十二日

早朝より紫野なる澄川氏に到り買入し書籍引取に行く　田中父子、父上も同道なり　午后田中へ帰り書籍取調之上夜八時列車にて帰る　実に今回買入の書は非常に沢山にて買入金高七百円にて本箱五十三個長持四荷に一杯ありし　且つ同氏の蔵書故皆珍書而已なり

［四月］二十四日

今日澄川買入書籍田中と相合にて同氏宅にて入札をなす為め一番列車にて上京す　同日入札午前七時に始め終日成し切れず遂ひ徹夜挙行　翌日二十五日午前七時比漸く終結す　実に好況にして近来

の大入札なりし　出来高金千五十円余

六月二十日

書籍月報五十号五十一号同時に発行　今回は澄川先生の払品其他好材料課多に付二号発行せしなり

実に非常之多忙

十二月三十一日

当年は世上一般之不景気にて各商家及び株券持は近年になき惨憺たる歳暮なりし　尚来し春は此衰況を挽回せん事を祈る

〈明治三十一年一月より　要用日記〉

［三月］十九日

中の島の柳原の案内にて老松町なる渋川《シブ》と云家にて蘆庵書入廿一代集外数点買入る　此日素人の顔して行きし事故　談話中甚閉口せし

［三月］二十四日

昨夜京都大谷より珍書あり明日来いとの電信来る　仍て今朝九時発列車にて上京す　早速大谷に至れば或る旧家の一口物を買入れしにより申し上げし事にて是非父上に一見を願度との事により　直に父上上京の程を申遣す

夫より博物館よりも呼に来りしにより到る　用済の上館内を一覧す　仏像其他奇品の陳列非常に多し
午後富岡氏を訪ね夜は岩崎に一泊
［三月］二十五日
早朝大谷に到る　父上既に来店あり仍て直様現品を一覧す　何れも珍書而なれど何分非常に高価となへ初めの内は百七十円の処大谷五百円より引ずと云ひ殆ど三倍余の相違　為に到底談じ纏り難しと手を引きしが　何分品は珍書なり　折角態々両人も上京の事故数々と引合ひ　遂に二百五十円の直上にて四百二十五円にて買入る　蓋しかゝる例は異数なり
午後六時発列車にて父上と共に帰店す【以下略】
七月十日
丸岡莞爾氏所持之書数多買入る　代価之百五十円斗何れも良書而巳なり
八月十三日
今日早朝より大和国生駒山在なる矢野政敏氏方へ古本買入の為め行く　六時発片町駅より住道に到り　夫より中垣内峠迄人力車に乗ず（里程十二三丁）　同所よりは車も通せず峻坂嶮岨板を立てたるが如し　勇気を鼓して進む　クル〳〵と迂回すること十数度　山又山を越へ遂に生駒村辻なる矢野氏の宅に到る　此間実に二里余の里程なり　着の時は九時二十分頃なりし　漸時休息之上古本の

取調に掛り昼飯後御家之倉庫に入り又々取調之上合計四十三円斗の者買入る（内之分三八同家親族の分也） 夫より直に荷送に取掛り五時頃漸く片付く 夜は非常に馳走に預る 鯉の味噌計主人の尤も自負する処美味云可らず 飯後閑談 時を移し十一時頃寝に付く 此日の暑気実に甚敷誠に本年中の最暑日なりし（坂地寒暖計九十七度余）

［十二月］十四日
夜名古屋より電信あり 先日父上見覧の古本他に高価にて買入人有るとのこと申来るによる 仍て予一度同地へ行く事に決す 夜十一時林田発列車にて行く 車中冷気甚し

［十二月］十六日
早朝吉村主人来訪種々談じ申其結果早速帰坂と決し旅店を辞して午前十時発関西鉄道列車に投じ午后四時過帰宅す
此回名古屋行は先月来吉村なる人より 同地に有名の貸本屋大惣なる者此度閉店に付其品物売払度と云により父上本夏一度立寄り今般又々参名 篤と実物取調千円余に直附せしを 更に二千三百円にて買入んと云者出来により当方は謝絶すと云来る 然れども折角今日迄尽力に付機会の乗する有れば乗せんと欲して行しなり 然れども事皆認《ママ》決して帰宅の前当地にて吉川半七の買しことを聞入れ 電信を発せしも馬に会ず遂に雑用だをれと成るなり

［十二月］二十二日

父上と共に泉、市村に有る税所子の蔵書売払に付取調の為め参る　午前四時半頃店を出で五時発一番列車に投じ浜寺駅に着す　夜明にならざる為同所にて暫時休息　夫より田畝の間を過ぎ行こと十余町大鳥神社に詣づ　最と神寂たり　尚行こと五六町税所子の別邸に至り庫中にて終日書物取調ぶ　珍書甚多し　総金高千円近し　夕刻税所子奈良より参らる　談の結果先方より返事のことになる　仍て六時過同邸を辞し帰路につく　途中の寒気云可らず　浜寺停車場に待こと一時間余　九時過帰宅す　此日の寒気実に本年中の最寒気ならん　午后雪降る　夜を降雪翌朝積こと五六分

十二月二十五日

本日早朝より山本寛氏中等引連泉市村なる税所子の別邸へ行く　蓋し先日下見の書籍買入しにより十時頃同邸に着す　父上も参らる　夫より荷送にかゝり正午過荷送終り車に尾行して中ト同道住吉街道を経て歩行帰宅す　午后四時半此度の買入書何れも珍書故来年早く一度展覧をなし後入札に附する積なり

〈明治三十二年一月より　要用日記〉

［一月］二十二日

今日税所氏の買物入札下見当日なり　早朝より来見の人々数十人非常の盛会なり　神戸、和歌山、京都名古屋東京等の各地より多人数態々参観に来らる

［一月］二十三日
今日午前九時より税所氏の唐本悉皆入札に附す　京都は勿論東京よりは斎藤浅倉代横尾名古屋よりは豊田金沢より池美等全国屈指の書肆悉く来る　愈入札となるや何れも非常の高価　実に未曾有の盛況なり　此日出来高二千円に近し恐く二十年以来の大入札ならん（詳細は別に記す）

〈二番　要用日記　卅二年六月〉

［十一月］拾二日
昨今両書集会所に於て風俗文学図書会を催す　両三日以前より諸方より出品書を借り集め器具等を合せ凡三百点斗出品あり　楼上に飾り立て甚だ雅会たり　両日共来会者非常に多く盛会なりし

第参号「鉄史記簿」　鹿田伸四郎　【以下、一部抄録】

〈明治三十三年〉　【同年前半は、水濡れのため判読不可】

［九月］廿日
今日は例年の如く天満天神文庫の虫払なり　当年は行司に当り居れば早朝より行く　他行司等と取調にかゝり正午頃相済む　社にて神楽の後森吉楼にて宴会　甚だ盛会なりし　五時頃散会帰宅す
此夜浜和助氏来状あり　安堂寺町植村なる古手屋に古本あり都合にて行く可しとの事に付今朝浜氏

へ行き委細聞之　午後の文庫手隙の間に浜植村へ行く　明日同家に通知次第取調に行く約束なり

［九月］廿一日

前記植村より正午頃より見に来る可き旨申参候により行く　至て一見せしに医書と聞居りしに案外上々色の唐本斗にて一時は意外に驚き茫然たりし　総計百五十円にて買入る　蓋し近来になき初な買物なり　荷車に彼是一車あり　河内北山橘庵の旧蔵書なり　帰路浜氏に礼による

父朝十時頃帰宅さる　蓋し古沢の御直数付しも高値に申て手に合ず　止むを得ず帰宅さる

十一月十八日

京都田中等板木市を催す　父上行かる　中々古板木高値の由　多少売買せらる

翌々日吉川半七蔵板貞丈雑記丸板にて二百円にて売却す　但し同店にて故実叢書に計画を入るゝにより情義上松村へ買取の照会申来るによる　前記板本市高値の後故案外談判早く纏る　好都合なり

十二月廿二日

今日東成郡清水村字貝脇なる山口義三郎氏宅へ行く　此は今夏大手田中氏買物の節より上本町なる為村氏の噂せられし所なるが時々数枚見本持参に付今日現物一見旁至るなり　人力車にて九時頃同家に到る　中井家の写本彫本類のもの頗る多く実に時々持参の見本の類とは大相異の珍書本にて一驚せり　総て買入約束なし即日荷送 大八車一車 の上午後三時過帰宅す　金高九十五円斗　実に中井家の著書は悉く揃いあり且つ美写にて近来の買物なり

〈卅四年一月より　要用日記〉

［一月］十三日

本日水落露石氏安土町宅にて詩人会なる会あり　右は高安富岡氏等の発起にて欧州の所謂詩なる総ての文詞家の遺物を展覧するにて京都にて一二回開会あり　此度は当地にて催すなり　旧冬来より水落氏より手伝呉との依頼もあるにより数日前より知己好事者へ案内も出し又平瀬、三和、山川等数家へは出品も依頼し当日は父及予も手伝に行く　出品も中々多く来会者も数十人に及び中々盛会なりし　夜九時頃仕舞出品片付の上帰宅す

［一月］二十九日

田村芳太郎氏年来買求せられし由有職書及風俗物類の書皆売却　此年来予毎々談合今般愈売却となる　今日早朝より父上参上　総計にて三百卅円余にて買入る　午後取引に行く珍書多し

［二月］八日

早朝より京都大学図書館へ行く　島氏面会　同伴にて木下総長の宅へ伺候す　持参の書見覧に入る大略買上のこととなる　中井家写本を合せ百八十円斗なり　夜十時前帰坂す

［二月］廿三日

父多忙に付月報編輯に取かゝる

［二月］廿四日
水谷不倒氏所蔵の風俗物買入る、　珍書斗百廿円余なり　後永田氏等へ遣　此売は西鶴物多し
［三月］八日
明日及明後日集会所に於て蒹葭堂の百年回忌の遺墨会を開く　発起田村太兵衛氏及父正木万春堂等にて各紳士の賛成を得て行ふ　数日前より準備に忙し　今日より陳列にかゝる
［三月］九日
陳列大略なる　席を三席に分け盆栽席を祭原氏宅　茶席を藪田氏宅にて催す　当日より来会者多し
［三月］十日
当日なり　非常の盛会にて来会者三百五十人斗　近来の雅会なり　此事別に記あり

〈卅七年一月より　要用日記〉

［四月］十六日
保古会列《ママ》会桜の空にて開会　永田小山田両氏幹事にて　これ遊郭の課題なり　予も父と共に行　随分珍品珍書多かりし
五月十日
来る十四五六の三日間図書館にて珍書展覧会を催すにより手伝に図書館へ到る　今井館長と万事協

議す
十四、十五
連日図書館へ到る　大盛会なり
七月九日
幸田水落両氏発起にて古本素人打揃交換会をなす事となり　今日水落氏宅にて初会催す　中々盛会にて来会者十数人　此後毎月挙行の集とす　終て内藤富岡幸田氏諸氏と馳走になる　十一時帰宅
此夜大暴風雨　隣家田村幷に諸場よりトタン屋根裏へ飛来り大暗闇にて終夜寝らず
［七月］廿三日
保古会　浦江好寿寺隣にて催す　中々盛会なりし
［七月］廿四日
古書交換第二回を加賀氏宅にて挙行　前会に倍し来会者も多く愈々盛なり　次回内藤氏と予と幹事となる
［七月］廿六日
当地旧外科医岩永なる家の古本売却の由申来る　今日右家へ到り一見す　多くは医書なれど本草書も多く蒹葭堂の遺書も多し　即座の調談ならず引取
［十月］十五日

古書交換会永田氏宅にて開かる　例により手伝
［十一月］七日
永田氏の持る北斎作百人一首を蒹葭堂同筆十七冊と交換し前持の金百十円にて売る　此事近来の快事なり

〈明治三十八年　要用日記〉

一月廿一日
旧冬十二月七日一見の但馬貸本屋斎藤甚右衛門の古本の御受取　十数度仲人の内へ行　種々数々交渉に交渉を重ね今日遂に手を拍つ　合計二百卅円　外に口料十二円　随分高値なれど軟きものにて当時向の物多く大奮発にて買入る也
［一月］廿六日
過日買入れの唐本及軟きもの陳列　今井永田幸田水谷小山田内藤礒の浜水落の諸氏来らる　軟きもの大方売尽す
八月十三日
午後一時父死去せらる【以下略】

資料15　沖森直三郎「古書と私―回想八十年」（抄）

伊賀上野で古書店を営みながら郷土史家としても活躍した沖森直三郎は、鹿田松雲堂で修業をした人で、その当時を回想しての談から抄録した。入店については、餘霞の日誌『第四号要用日誌』明治四十四年（一九一一）四月四日条に「直三郎伊賀より来る」とある。鹿田で一番番頭を勤めた中尾松泉堂書店初代中尾熊太郎は従兄弟。「日本古書通信」第三〇七号（昭和四十四年十一月）「中尾氏から来翰」に拠れば、鹿田家の別家として、石塚松雲堂（出版・古書店）、岡田（出版）、柏原奎文堂（出版）、中尾松泉堂（古書店）、沖森書店（古書店）、杉本書店（新刊書店）の名が挙がる。また「文学」四十九巻十二号（昭和五十六年十二月）に掲載された中尾堅一郎「大阪古典書肆・鹿田松雲堂」では分家として柏原圭文堂、岡田文祥堂、森田貫次郎、山本文有堂、加藤健文社（ともに出版）、別家として松雲堂石塚猪男蔵（出版）、松泉堂中尾熊太郎（古典籍）、沖森直三郎（古典籍）、杉本庄一郎（新刊販売）の名が挙がっている。古典籍を扱う有数の人物を鹿田松雲堂は輩出したのであった。直三郎により当時を回想した談として、他に「沖森直三郎翁懐旧談」（「日本古書通信」通巻第七〇〇号　昭和六十二年十一月）がある。

なお文中に指摘ある中国への渡航について、『第四号要用日誌』明治三十九年九月二十五日条に記載あり。「九月二十五日（此考別に手帳と日誌あり）　清国へ渡航す　此より先内藤湖南氏より屢々清国書林の様子を聞き一度は行き度所存を堅め今春来種々準備を調候遂に引に引かれぬ仕義となり今日単身大阪市船会社之船大信丸にて渡航す（略）十月二日天津着夫より単身北京へ入り扶桑館に宿し日々書林を訪問す亥々非常の沢山なる唐本只々あきる丶斗なり来て其来る遅きを憾む会場なり持参之金額に相応する旧書を購て十月十二日出立」。

次に私は、村の小学校を終えるに当り、実はもっと上級に進みたかった。しかし、明治のその頃は村で一年間の卒業生は五十人位、その内、上級（当時の中学校）へ進むものは僅か二人か三人であった。先ず抜群の成績か、または余程の名望家の子弟に限られていた。とても私などでは、どちらにも縁がなく望み達せられそうになかった。ままよ、ここ丈が天地でもあるまい、と小学校を終えると父母に意を伝え、親類を頼って大阪へ出郷した。突然であったが数日後、どうした縁か偶々東区安土町の古典老舗鹿田松雲堂に紹介された。時は明治四十四年の四月であった。

同店は弘化元年（一八四四年）の創業で、従来は出版と古書と兼業であったらしい。尤も、その頃は専ら和書を商う関西屈指の専門店であった。明治、大正、昭和に亘り、全国著名の学者文人の繁き往来のあった大店で、その頃店に番頭、小僧等雇人十人位は居た。然も、希望に依っては昼間の店務終了の後は、夜間中学への通学も許すとの事であった。私はまことに好都合に感謝して早速入店を懇願した。尤も後で聞いた咄だが、紹介の際仲介口で本人は生来学業極めて優秀で実直、将来有望などと吹き込んで置いたとかのことだ。それであったか以後私は、その手前誠実恪勤に努力せざるを得なかった。尚、もともと同店は大阪船場の中央部で附近一帯は超一流の諸種卸専門大店が櫛比する問屋街である。おしなべて、これら船場一帯の商店主、若き自家勤務者の将来のため、中等教養の必要をと推し量られた。この温かい心づかいにより入学を許されるものが多かった。

夜間中学は午后五時より九時まで、三ケ年を以て終了であった。この通学には昼間の疲れもあり可成の努力であったが、いま考えて大いに得る所があって決して無駄ではなかったことを感謝せねばならない。

さて、入店当初の用務とするところ、先ず早起き、拭き掃除、注文品の配達、荷造り及びこれの発送扱店へ持ち込み、書庫の整頓、閑暇書冊の補修等がある。何れも先輩連の所作に伍してのことは勿論である。やがて進んで顧客の応答、商品の値付、買出し、売込みにと労を積んで一人前になるのである。それにはこの道相当の修練と忍耐の覚悟が肝要とされた。更にやや長じた頃であったが、ここで忘れられないものに、週に二度閉店後の夜間堂主が先頭に立って漢文及びかな文読法、古文書の講義、古典籍の概評等を教えられたのである。興味益々加わり、いま思えば古書八十年の病み付きはこの時附けられたものと思える。

ついでながら当時、大阪に於ける和書古典籍を専門に取り扱う店を数えて見るに、純専門店には松雲堂の外は、心斎橋北久太郎町に含章堂橋本徳兵衛のみ、然もこのお店も古い歴史を持っている。洋装本と半々位のものに、淡路町に長谷川文文堂、江戸堀に荒木伊兵衛、島町に伊藤丑松、また小規模店ながら鳥井正之助、石川嘉助などがあるが広い大阪としては極めて少数であった。尤も、和書木版の出版店に柳原喜兵衛、松村九兵衛、前川善兵衛、中川勘助、青木恒三郎などがあったが古書は取り扱っていなかった。

猶、余談ながらここで、これまで同家の篤行として聞かされた堂主の行作についても忘れ得ぬ一面を二、三略記致し度い。その一に先賢の追悼行事をしばしば修めた。契沖、近松、西鶴、蒹葭堂、大塩中斎、篠崎小竹、尾崎雅嘉、山川正宣などの諸先人の紀年墓前祭、並びに追善講演会がそれである。その二は、各種の展覧会の開催である。先賢の遺墨展、浪花年中行事展、元禄時代風俗展、名家所蔵古版本、古写本展等々時に応じ折にふれ諸件多年に及んだ。尤もこれらには個催もあり共催もあった。その外に日頃馴染の文人数寄者連を誘い、大阪保古会、続いて大阪史談会を設立し都度自ら世話役を買って出ていることである。これの目途とするところ古物の保存、古蹟史話の解明等にあった。また後年、素人連を糾合、古書交換の会を起こし、古書流通の促進を計らんとした。また、或る時は書田会なる珍籍類の実物零葉を頒布する会を発起し、古典認識の高揚に努めた。何れ、これらの事は後に項を改めて詳記したい。

更にこのほか特筆すべき一事に、松雲堂の支那の古典籍の輸入である。明治三十九年のころより毎年数回渡支、燕京または蘇州などへ単身民国の土地を踏み、善本佳書の将来せし事績は当時に於ける学界諸先生の賞讃せられたる所であった。思えば先賢を敬し、その治蹟の顕影に励み、一方常に古典の保護と普及に力を致すなどは、今日私共の学ぶべきの多きを思わせる。

その後私は成年の域に達するに及び興味は重ねて加わった。三百年、五百年或るいは千年も以前の古人の筆蹟に逢うことがしばしばである。今まで只想像であった文献や、人口に膾炙される古典の原品に時たま接することの感触は云い知れぬ興味を齎した。且つ、この店にあっては私共これまで別世界の人と想っていた有名人が来往され、常時その声咳に接することなど、何もかも素敵と云うほかはなかった。いまは既に故人になられた方々もあろうが、当時を思い起こして感無量である。ここで忘れられない方々に（敬称略、順不同御免）西園寺公望、犬養毅、田中光顕、大槻如電、三宅雄二郎、幸田露伴、森鷗外、三宅少太郎、夏目漱石、香取秀真、井上哲次郎、物集高見、松井簡治、上田万年、芳賀矢一、久保天随、嘉納治五郎、牧野富太郎、高安月郊、伊藤松宇、市島謙吉、田中芳男、和田維四郎、水谷弓彦、徳富蘇峰、大槻文彦、橋本進吉、吉野作造、関西方面に富岡鉄斎御父子、富田渓仙、木島桜谷、内藤湖南、小川琢治、三浦周行、藤井乙男、新村出、梅原末治、冷泉為系、村山龍平、上野理一、本山彦一、薄田淳介、古靭大夫、小川為治郎、百々恭之亟、川西和露、坂本猷、石川八郎治、岩瀬弥助、水木要太郎、石田元季、尾崎久弥、正宗敦夫、そのほか土井晩翠、岡沢鉦治、春日政治、岡井慎吾、武藤長平、横地石太郎、伊賀方面に服部孝太郎、亀井暁、筒井緑渓の諸先生等々。

　またこれとは別に、当時大阪市内の方々で、都度の同店在庫書目発表の折、買上品の届け先に次の常客があった。冗長に渡るも多少の紙面を頂き度い。先ず南船場、島の内、上町その他に、山田安民、岡田播陽、田中吉太郎、肥田弥一郎、北村憲吾、中井新三郎、川崎巨泉、砂原万次郎、佐古慶三、藤沢南岳、薄雷山、藤村叡運、宮脇義臣、山口吉郎兵衛、木村敬二郎、北田紫水、渡辺霞亭、永田好三郎の各諸家。北船場、堂島その他に、水落露石、浜和助、松瀬青々、芝川又右衛門、青木平七、岡田真、平瀬三七雄、黒崎貞枝、富田仙助、高安六郎、宮武外骨、磯野秋渚、木蘇岐山、他に住友総本店の人々、府立図書館、大朝、大毎の方々。また天満その他に、楠瀬日年、斎藤弔花、武富瓦全、角正方、打越晴亭、籾山衣州、西村天囚、近藤元粋、清海復三郎の各諸先生方、何れも思い出多き方々である。

（『伊賀善行録』沖森書店　昭和六十二年四月一日）

四代松雲堂　鹿田静七

資料16「犬養老総裁　閑日月ぶり」

憲政の神様とも称された犬養毅は、安政二年（一八一九）岡山生まれの政党政治家。号を木堂と称す。昭和四年（一九二九）十月、大政党である立憲政友会の第六代総裁に選ばれ、このあと六年には首相となる。その間の地方遊説の中での、鹿田松雲堂への来店が新聞紙面に掲載された。三代餘霞は昭和三年半ばから病気療養中であり、ここに云う「店の主人」というのは、当時店を任されていた文一であろう。

犬養老総裁　閑日月ぶり　令息健代議士を伴つて悠々と古書あさり

九月二十八日名古屋の政友会大会を振り出しに関東、東北、中国、近畿、北信、九州の各大会─里程にしたら四千六百八十余里の遊説を終つて廿九日来阪した犬養総裁、定宿花屋で少憩、上田、板野の各代議士や山本芳治氏等と話しがはづみ午後二時四十分─「一寸行き度い所があるから失礼する」と健代議士と塩沢、宮崎両氏をお伴に、行く先も云はずにこつそりと自動車に老軀を消した、それから十分ばかりの後に総裁がひよつこり姿を現はしたところは東区安土町四丁目の「鹿田松雲堂」と云ふ古本屋の店頭。──だが此処は総裁が二十年このかた贔屓にしてゐるところ、店の主人は下にも置かぬ鄭重さ、二階の奥まつた一室で美味さうな大阪鮓をほうばり、うまさうに舌鼓をうつてからやをら身を起して店頭の陳列棚の古本を熱心に漁りはじめた小一時間もあちら、こちらの本をひきぬいて物色した揚句買ひ込んだ本は「九経談」「駿台雑話」「四書人物類函」「王漁洋全集」「二銘草堂金石聚」「唐詩三百首類跡」流石にふさはしい趣味を盛つたものばかりで、この値段合計四十八円四十八銭也。大事さうに包みを抱へ込んで、再び花屋に引き返して行つた。（写真は店頭の犬養父子）

（「大阪時事新報」昭和五年十一月三十日）

資料17　四代静七襲名祝詞ならびに御挨拶

「松雲堂特選書目号」と題された「古典聚目」第一一九号目次に「大阪府立図書館長　今井貫一氏題辞」「四代鹿田静七襲名御挨拶」とある。三代餘霞は病気加療中のところ昭和八年（一九三三）六月二十三日に逝去。若い頃洋本を扱っていた文一であったが、三代のあとを嗣ぎ「古典籍の集散」に勉めることを宣言する。また、今井貫一の題辞からは、二代古井、三代餘霞と続いた「鹿田松雲堂サロン」とでも称すべき二階応接間で盛んに交わされた典籍趣味談の様子を覗い知る事が出来る。

現今東西古本屋の販売目録数十を算へるが、其うちで古典聚目は明治二十三年の創刊、松雲堂三代に亘り、号を重ねること百十余であるから、長い歴史を有する点に於て群を抜いてゐる。私は此目録を知つてから三十年になり、今でもその新刊を見ると先々代古井翁の羅漢のやうな顔が眼に浮んで懐しさを感ずる。古典聚目とは中ごろ富岡鉄斎翁が命題したもので、以前に書籍月報と称したことや又は古井翁の顔を知る人は今は稀であらうと思ふ。

この販売目録が出ると多数の顧客が先を争ふて店に押寄せることは今も昔に変らぬが、明治時代古典熱がまだ熾んでなかつた時でも、新目録を持て松雲堂の平賀源内の油絵の掛つてゐる二階に通ると、定連の愛書家が多数詰めかけて市が栄へてゐるのであつた。その頃は此定連が期せずして集つたのを機会に、古丼翁や当時の若主人先代餘霞君を取り囲んで盛んに典籍趣味談が交はされて半日を過すのが常例であつた。明治四十年頃と思ふが、餘霞君が初めて燕京に遠征し、仕入れて帰られた唐本を安土町の書籍商組合事務所楼上で展観された時などは、たしか鉄斎翁なども見へて大賑であつた。古典聚目は営業目録に過ぎぬが、一面から明治以後の古書値段史とも見らるゝもので、その初号に河内名所鑑を六拾五銭と付けてあつて、今から思へば嘘のやうな時代から今日の高相場に及んでゐる、驚くべき変遷である。此長い間にこの目録によつて喜ばされたり苦しめられたりした人も少なくないと思ふが、これ等の人々によつて古典聚目を語る会でも開いたならば興味の多いことであらう。

此の如く古典聚目は長い年月を経て、今や我古書販売目録界に一種独特の位置を占めて居るが、同時にまた其責任も愈重大となつて居るのである。堂主鹿田文一郎君このたび父祖の名静七を襲がれて、こゝに初めて遠い由緒のある此目録を発行せらるゝに当り、私は君が深くその重責に鑑み、奮励益々其声価を高められんことを希ひ、併せて店運の発達を祈るのである。

昭和八年九月

大阪府立図書館長　今井貫一

四代鹿田静七

襲名御挨拶

謹啓　時下初秋の候各位愈御清穆之段奉大賀候陳者弊堂儀弘化元年創業以来茲に九十年常に江湖諸賢の御愛顧を辱ふし殊に近年父静七先代古井の遺業を継承致し古典籍の蒐集と販売に従事仕りお蔭を以て家運益々隆昌に赴き候事全く各位多年の厚き御高庇御引立の賜と深く奉鳴謝候然るに父儀数年来病気加養罷在候処遂に去る六月二十三日死去仕候に付不肖相続の上先代の通称を襲ひ静七と改名仕り誠実に父祖の遺業を紹述致し専心古典籍の集散に勉め引続き松雲堂書店の営業に従事仕候間何卒倍旧御引立の上細大となく御用向被仰聞度此段亡父生前の御眷顧を謝し併せて襲名御挨拶申上度如斯に御座候

敬具

昭和八年九月　日

文一事相改メ
松雲堂書店　**鹿田静七**

（「古典聚目」第一一九号　松雲堂特選書目号　昭和八年九月）

資料18　「住吉大社御文庫貴重図書目録」はしがき

享保八年（一七二三）九月、大阪・京都・江戸という三都の書林仲間の発起により住吉御文庫が創建された。爾来、大阪書林仲間の有志が相集い、住吉大社御文庫講を結び、仲間による参詣、各地からの奉納本の曝書、蔵書点検、目録の作成に従事していく。明治六年（一八七三）株仲間廃止後も翌年には大阪書籍商業組合として再発足し、御文庫講も復活。明治四十三年には、大阪天満御文庫講と合併し、大阪書林御文庫講と改称された。この住吉大社の蔵書を講員の尽力で大正十五年（一九二六）九月十四日から三日間蔵書取調を行い、特に貴重図書を取り分けることとなった。その後貴重書に解説を付し、目録編纂に重要な役割を果たしたのが鹿田文一郎と上松寅三である。昭和八年（一九三三）五月、和装本『住吉大社御文庫貴重図書目録』（大阪書林御文庫講）が完成（口絵8参照）。同時に、御文庫前に「大坂最古之文庫」碑が建てられ今に現存する。なお御文庫への鹿田松雲堂による奉納本のことを調査した論考に多治比郁夫「鹿田松雲堂の奉納本」（「すみのえ」通巻一九九号　平成三年。のち『京阪文藝史料』第四巻に収録）がある。

はしがき

享保八年九月三都書肆廿名の発起勧誘と、多数同業者及び其他の賛同にて創設せられた住吉大社の文庫は、大阪市に於ける図書館の濫觴ともいふべきであらうか。其当時僅々数百部に過ぎなかつた蔵書が、弐百余年後の今日数万巻を数へるに至り、近き将来に移転増築すべき議さへあるのは、確に大阪書林御文庫講の誇りであると信ずる。

大正十五年九月多数講員の尽力にて蔵書の全部を整理し、貴重図書のみを特別のケースに納めて、蠹魚の害を防ぎ保管の厳重を期したが、今回更に大阪府立中之島図書館司書上松寅三氏と、講員鹿田文一郎氏の協力にて、此の貴重図書に簡明なる解説を加へたる目録が編せられ、印刷に附せらるゝこと、なつた。この目録こそ住吉文庫の存在を広く世人に知らしめるに役立つのみならず、愛書家を益することも亦尠くないと思ふのである。講員の微意と両氏の労は必らず酬はるゝであらう。（大鵬）

昭和八年五月

（昭和八年五月二十日　大阪書林御文庫講）

資料19　「鹿田静七氏は語る」

書香会古本屋研究会同人五名（池田郁・大塚宏・吉村長七・園田芳生・寒川喜一）を記者として、前年に四代静七を襲名した三十五歳の若き古典籍商文一に「和本屋の見たる洋本屋」という話題を語ってもらったもの。文一自身若かりし時、「和本が嫌で何か変つた事をして見たいと思つてゐたので放浪してゐた」こと、洋装本を主に扱っていたこと、本業への抱負、特に和本を扱うことの面白さや鑑識眼の必要性、その販売方法への目配せなどが語られ興味深い。なお、洋書目録発行に関する聞き書きを証するように、餘霞『要用日誌八』では大正十一年（一九二二）九月十一日条に「古典聚目活版洋装号第一号発行文一編纂ボツ〳〵売行く」、大正十三年五月十二日条に「店洋本棚普請」と店自体が洋装本を置くよう改装されたこと、昭和三年（一九二八）二月六日条で「文一編纂「古典」一号発行」などが記されている。

書香会古本屋研究会

鹿田静七氏は語る

―和本屋の見たる洋本屋―

鹿田静七氏

出席者
池田　郁
大塚　宏
吉村　長七
園田　芳生
寒川　喜一

まえがき

慌しい師走の月に這入つてからの或日の事、我々テンダーロインステーキの讃美者達は、例によつて例の如くスヱヒロに会して、健気にも古本屋研究会を開いたのです。その講師格として鹿田静七氏に御出席を願つて語って頂いたのです。鹿田静七氏は何を語つたか？

これは其の時のおぼつかない要領筆記によつた一文ですから、文責の記者にあるのは勿論或は聞間違つた事を書いたかも知れません。読者の御賢察によつて宜しく御判断を願ひます。

記者　今日は「和本屋の見たる洋本屋」と言ふ話題の下に話して頂きたいと存じます。

古本屋も色々の見方からして、論じ語られてゐますが、その古本屋の中の和本屋の方が我々洋本屋をどう見てゐられるか、現在の洋本屋は行詰の危機に立つてゐると言はれてゐますが、洋本屋の将来はどうか。それ等に関聯した諸問題について、和本屋としてのお考がおありの様に思ふのですが一つ話して頂きたいと存じます。

鹿田　さうですね。現在、私は洋本を主として扱はない様にしてゐますが、洋本屋としての私はどうであつたかを最初に話して見ませう。

私の洋本を扱ひかけた時は二十三四才の時でした。古典聚目活版洋装本之部を出したのも丁度その時分です。私は二十才前後から憂鬱でしたので各地を放浪したものです
或る時、横浜のケリーウオルスこれは外人経営の本屋ですがそこに置いて呉れと言つて行つた事がありました。その時代は私は和本が嫌で何か変つた事をして見たいと思つてゐたので放浪をしてゐたのですが、当時東京の白木屋で洋書部があつたので入りたかつたので行きかけたのですが途中で止めてしまひました。それから前に話しましたケリーウオルスへ行つたのですがそれも家庭の都合で止めにしました。これは大正十年の春、父と一緒に北京に行きました。この旅は父にとつて最後の旅行でした。私は此旅行によつて気持の上で一つの変化を来しましたが当時は和本より洋本殊に絶版ものが好きでした。買入には市にも行きました。

記者　市に就いてお話下さい。

鹿田　私は入札市以外に行きませんでした。初めて市に行つたのが十日会でした。その時余り高く買つたので、皆が驚いた様でした。それまでは市では絶版物は安かつた。
絶版物は東京の本屋がよく買つて帰りました。それ以外には日本橋倶楽部ではよく買ひました。この日本橋倶楽部は今の日本橋倶楽部とは違ひます。道頓堀の方です。弁天座の西の辻西南角の三階の建物です。当時の市には出本は多かつたのです。市の少ない関係もあつたが、よく出ました。私が主に行つたのはその外古典会、それに京都の六盛会これは武徳殿の横にありました　四日と二

十日の日です。私は荷物をよく背負つて帰つたものです。当時私が洋本に力を入れ出したので、鹿田が洋本を買ふなアと不思議がられました。正月に棚卸して見ると四、五千円位はありました。その当時私は市で本を売る様な事はしませんでした　本は素人の方に買つて頂く様に努力してゐました。

記者　当時の洋本屋はどうでしたか。

鹿田　大阪の洋本屋は私が出て来た時代から次第に発達し出した様に思ひます。それ以前はあまり発達をしてゐませんでした。その時分は日本橋筋では高尾、谷、藤堂、天牛の諸氏位で、北では松本、松葉、森谷、森村、野島の諸氏位でした。その他荒木、長谷川さん等は勿論古顔です。大阪の洋本屋は大震災を契機として、非常に飛躍しました。非常によく売れました。今日の洋本屋の元老で儲けなかつた人はありません。洋本屋の全盛時代でしたね。

記者　目録に就いて

鹿田　目録ですか？　大正十一年九月洋装本目録の第一号を出しました。これは大阪最初の洋本販売目録と思ひます。それから数年して高尾さんが目録を出しました。其後次から次へと目録が出る様になりました。何しろ最初の事でしたので、よく売れました。それから四五年続けました。拾壱号まで出しました。洋装本之部を止めてから次に私の趣味を兼ねた雑誌体の目録「古典」を出しました。第一号は昭和三年二月です。今は出してゐません。

記者　和本屋に就いてお話し下さい。

鹿田　和本屋として生活するには、十年くらいでは駄目でせう。和本をやれば面白いです。その面白味は又別です。私とこは和本屋としては古いですが、私の和本に対する経験はまだ〳〵です。言ふまでもなく、古本屋も相当の資本がいります。和本屋も範囲が広くて相当資本いりますが、それ丈けではいきません。それ以上に鑑識眼が入ります

相当な資本を擁して古本屋をやるが失敗する。古本屋は資本丈けでは駄目です。経験と鑑識眼の不足が失敗の基ですね　金だけではいけないのです。

和本屋は自分で、勉強してあらゆる書物にぶつかつて、鑑識眼を養ふのです。鑑識眼がなければいけません。経験が必要です。

和本も範囲が広いから学問が入ります。その割合は七三位と思ひます。現品を扱はなければいけません。例へば、自筆本などでも数多く扱つて居れば第六感によつてその真偽が解ることもあります。和本屋は経験第一です。

和本の市は私が聞いてゐる洋本の市のやうにタライ廻しの様な出本はありませんから毎回市に行かねばなりません。どんな本が出るか解りませんから、又行けば必ず見た事のない様なものが出るのですから非常に市に魅力があります。

記者　複製本の和本に及ぼす影響は……

鹿田 複製本が出た所で和本は和本として成立つて行きますが、その領域が次第に狭められて行くことを否定することが出来ません。だがその反面に和本は骨董化して行きます。和本屋がレーベル上げねば骨董屋に取られるかも知れません。

記者 それはどう云ふことを意味するんです

鹿田 今後国宝級の古本、例へば例の丸善の「ぎや・ど・ぺかどる」或は巌松堂の古写本今名を忘れましたが、海外持出禁止になりましたが次第にさう云つたものが出来て来ます。本に伝来が出来て来て高くなります。例へば或る本は某家の持品、又は何々文庫にしかないとか言ふ風に本に伝来がついて来るのです。それが売立でもあると、それをこなすだけの力、何十万円でも買ふと言ふ様な実力を持たなければならんと思ふのです。こう考へて見ますと和本屋と雑本屋これは失礼な言ひ方ですがその間に非常な間隔が出来ると思ふのです。古本屋にも階級がありますが和本屋と洋本屋との間にも階級がついて参りませう。

話が横道に入りましたが、古本屋の進歩する過程は骨董屋が既に歩んできてゐます一流の骨董屋は店にストックを置かないでよい客をつかまへて、入札売立等利用してどし〳〵売込んでゐる様です。将来は骨董屋に和本屋のやるべき領域を荒されて行く懸念があります。

記者 反町氏が和本をやつてゐられますが貴方のお考は……

鹿田 反町氏は洋本を放棄して和本をやつてゐられますね、私の心境と反町氏のそれとはよく似てゐます。書物の面白さは洋本に関心はあつても、本屋としては面白くない和本を扱つてゐる方が面白い。

十年前、私は和本屋は数年の間に駄目だと思つてゐたがそれは間違つてゐた。本屋として、出版屋、雑誌、洋本屋を含んで、和本屋は最高に位するものと思ひます。

反町氏は私が思つてゐることをやつてゐるがそれが必ず成功するとは思はれない。頭が進み過ぎてゐる様です。反町氏は氏の考通り理想の道を歩んでゐられるが、将来はどうか、時代が遅れてゐるように思はれる　第二号の目録を最近出された。日本の古本屋の目録の最上のものだが、採算とれるかどうか？　それを何処迄も押通してやれるかどうか？　第一号に載せたものは第二号に載せないと言つてゐられるが古本屋の商売としてはどうかと思ひます。何度でも載せていつてもい丶と思ふのですが。反町氏は貴重品高価品を主として扱つてゐられるが、私の立場から申して見ますと常にあらゆるストックを持つてゐる必要があります

それも何も貴重品許り扱ふのが和本屋ではない。和本屋としては、原則として日本外史や四書も売らねばならないと思ひます

現在の和本屋は過渡期にあるのです。ですからそこに現実の悩みがあるのです。故に新味を加へねばならんと思ふのです。京都の佐々木竹苞楼さん等は消極的経営です。それも徹底して好いと思ひます。それはそれとしてやつてゐける。その反対に荒木さんの様に進歩的にやつてゐる人もある。

荒木さんの古本屋としての宣伝は堂に入つてゐます。それは個性の現はれではあるが、採算は取れてゐるかどうか？ 私は疑問を持つてゐます。

北京に瑠璃廠これは骨董街ですがそこには古本屋の多いことと、主人の鑑識眼の高いことには驚かされました。これは歴史が古いと言へば言へますねえ。何しろ日本の古本屋の歴史は新しいです。支那の本屋は商売に中々熱心です。これは骨董屋の話ですが山中さんが支那に行かれると山中さんの為に、市が出来ると言ふ事です。私の父が支那へ行つた時なんか父に買つてもらふ為に二三丁も支那人が本を持つて列を作つて旅館に押掛けて来ます。それを適当に選択して買つて帰るのです。

話がえらい余談になりましたなア……和本屋として今後考へねばならんことは絶版書が和本屋の領域に入つてこねばならんと言ふことです。私は現在の日本の和本屋は完成されてゐないと思ふのです。

記者 和本屋としての貴方は洋本をどう取扱はれますか？

鹿田 和本洋本と区別するのは悪い事だと思つてゐますが、これは明治維新を契機に装釘の変つたことによつて区別してゐるが、外国では古版本、新版本と区別してゐます 私はこの区別の方がよいと思ひます。

私は洋本もすきです。洋本がすきだと言つても和本に関する範囲に於てゞす。和本に関するもののみを取扱つて居ります。

洋本をやることは和本を扱ふ根本資料としてやるのです　洋本が出てゐるか、出てゐないかによつて値も違ひませうし、又和本の相場を知るには必要があります。和本の随筆本名所本等は洋本が出来てウント値が違ふ様になりました。和本としての価値はありますが洋本で事が足りますから売れが遠のき、値も下りました。円本類が出てから売れるものが変つて来ました。

又洋本を扱ふと古典に対する新知識が養はれます。和本に対して色々と研究されたものが洋本に発表されるので和本屋の予備知識がそれによつて養はれる訳です。従つて稀本などを客によつて高く買つて頂けることになりますね。

記者　洋本屋は行詰つてゐると言はれてゐますがどうお考になりますか？

鹿田　洋本屋は行詰つてゐると言はれますが努力が足らんと思ふのですがどうでせう。販売方法も現今は行詰つてゐるのでせう。洋本屋は扱ふものに個性をつけて売る必要があります。或る程度の個性をつけなくてはいけません。値によつて個性をつけると言ふのも一つの方法でせうし、専門的に本を集めると云ふのも一法でせう。洋本屋の悩みは同じやうなものを互に取扱ふからだと思ひます。数物を取扱ふと言ふのは私はこれは或ひは余り極端かも知りませんが、古本屋としては外道だと思ふのです。何処にでもあるものを扱ふから悩みがあるのです。他にないものを集めねばならん。それは困難なことでせう。が個性を附ける様に努力せねばいかないと思ひます。

私の方は今年で丁度創業以来九十年に当ります。河内屋一統の別家で、和本の出版もしたし、和本の古もやつてゐたのですが、明治初年から二十年頃に皆さんも御承知の如く世の中に大変動があり、私の方も何々リーダーとか経済書も出したりしましたが祖父が和本すきで、今の時に集めてをかねばならんと思つて集めだしたのです。それは二十年頃です。古本販売目録の初号を明治二十三年の五月に出しました。その当時は万事世の中が欧化主義でしたので和本が一番安いときでした。その時に目覚めたので今やつて行くことが出来たのです。時代々々によつて変つて行きます。我々も時代の動きを注意せねばなりません。

洋本界には期待を持つてゐます。現在の洋本も将来に於て和本の分野に入つて来るのです　和本屋も洋本に対して経験を持つ必要があると思ふのです　和本屋は洋本に対する経験のある人ほど成功すると思ふのです

和本屋も時代に応じて経営も更新せねばならないでせう。

記者　いや、どうもお忙しい中を色々と有難うございました。

（終り）

（「書香会月報」第一六号　昭和九年一月一日）

資料20 「真福寺文庫」

名古屋大須にある真福寺は、江戸時代以来『古事記』『漢書食貨志』など和漢古典籍の宝庫として著名であり、十四世紀以来保存されてきた古典籍古文書類にあふれている。この文庫を昭和四年（一九二九）から東京帝国大学教授黒板勝美が調査してきたが、その成果が、昭和十年黒板勝美編『真福寺善本目録』として纏められた。それを記念し大阪府立図書館にて昭和十年十月十八日に展覧がなされ、その報告を松雲小史こと静七が記したもの。本文にあるように大阪府立図書館「尾州大須真福寺善本展覧会目録」三六頁も同年十月に発行。さらに同年十二月には大阪府立図書館編纂で多くの図版を収録した『真福寺善本集影』が刊行されている。

真福寺文庫

松雲小史

尾州大須にある真福寺（俗に大州の観音）と云ふ一寺があります。鎌倉時代の末の能信上人の開山でありますが、その寺には能信上人の創設にかゝる文庫があります、同文庫は星霜六百年各地の名山古刹の蔵本が大抵散佚してしまつた今日にあつてなほ当時の内外二典の典籍を収蔵せるのみならず、中には唐宋希観の書をはじめ、我が国の古典史籍等を蔵せる事は他に類例を見ざる宝庫でありまして、かの武州金沢文庫の善本が多く転々として世間に持出されたのに比し同文庫の図書は寧ろ奇蹟的に保存せられてゐる事は我国の書史学上最も海外に誇る所であります。その内既に国宝に指定せられたもの二十八点又当に国宝に指定せらる可きもしくは国宝に準ず可きもの殆ど一百点に及ばんとしてゐます。

この十月十八日これ等貴重なる図書の大部分が大阪府立図書館の楼上で陳列せられ私も一見する事が出来非常な参考になりました。

本文庫は徳川時代より既に有名でありまして享保十五年には宥海上人が尾州藩の命によつて大須真福寺経蔵目録三巻を編し、文政四年には同藩は更に寺社奉行に之を点検せしめ、紙魚虫害に侵されたものは之を修補し毎巻冊には点検の印を押捺しました、その時になつたものが

宝生院経蔵図書目録　二十三冊

であります、その目録には

「経蔵図書今度夫々修補、目録総計取調相済之者也　文政四巳十一月廿三日寺社奉行所㊞」とあります。私が今度一覧出来ました図書の一部を茲に紹介して見ませう。先づ第一に国宝古事記三帖があります、これは明治三十八年国宝に指定せられ、古典保存会本として複製せられてゐますから誰も知らない人が無い程有名なものです、本居宣長が古事記伝の編述に際しては底本として此の書を借覧したと云ふ事です、応安の古鈔本で賢瑜と云ふ人が二十八才で書写したものであります　其他国宝中で私の注意したものに

漢書食貨志（第四）　古鈔本
翰林学士詩集（巻第二）　古鈔本
琱玉集（巻第十二、十四）　天平鈔本
将門記　（首欠）　永徳鈔本
空也上人誄　天治鈔本
口遊（源為憲撰）　弘長鈔本
倭名類聚鈔（残欠）　古鈔本
本朝文粋　（巻十二）　古鈔本
同　（巻十四）　弘安鈔本古鈔本
二種あり
尾張国解文（首欠）　正中鈔本
七大寺年表（巻中下）　永万鈔本
日本国現報善悪霊異記（巻中下）古鈔本

等があります、いづれも稀書珍籍でないものはありません、之等の一つでも私等の手に入れば大変な事です　詳しくは黒板勝美編纂の真福寺善本目録（菊判一四四頁）と大阪府立図書館編纂の尾州大須真福寺善本展覧会目録を何れも（本年十月発行）参照されたらよろしいでせう。

資料21　「思い出の文一郎さん」

（「書香会月報」第二九号「文庫めぐり（その五）」昭和十年十一月八日）

（一〇、一〇、三〇）

反町弘文荘にほぼ同年輩であった文一郎の思い出を語ってもらったもの。昭和七年（一九三二）秋に独立開業した反町氏にとって、翌年に四代目を襲名した文一郎とは良き交友関係にあった。そのなかで昭和二年六月十四日の渡辺霞亭文庫の入札、昭和五年十二月の「越後新津桂家万巻楼所蔵古書籍展観売立」、昭和九年六月の紀州徳川侯爵家の売立、そして富岡文庫売立と、昭和初年代における文一郎の奮闘活躍ぶりを中心に述べている。当時の入札会の様子や、三代餘霞と文一郎との親子ぶりも覗え興味深い。

思い出の鹿田文一郎さん

——都の老舗——

東京　弘文荘　反町茂雄

〜〜〜
松雲堂
〜〜〜

大阪の古書業界で第一の名家は鹿田松雲堂さん。弘化元年（一八四四年）、ペリーが艦隊を率いて浦賀へ来る前の創業です。元禄時代頃から、三百年も続く東京の浅倉屋さん、徳川中期頃から始まった京都の佐々木竹苞楼さんと並ぶ三都の老舗でした。文一郎さんはその四代目、後に代々の名跡をついで静七と改名されました。大店の御曹司らしい品格の人でした。

松雲堂の名が天下に響きわたったのは、祖父静七翁の時からでしょう。この人は号は古井《こたん》、業界稀れに見る偉人であったらしく、見識すぐれ、業務に熱心だった上に、世話好きで、商法会議所の議員となり、大阪史談会を発起し、又永らく大阪書籍商組合の長をつとめ、活潑な社会活動をしました。私の何より感心する事は、今から九十年もの昔、すなわち明治廿三年五月に、「書籍月報」と題した古書目録の第一号を発行し、近畿をはじめ、全国に配送された事で、その巻頭には、堂々と「古典舗松雲堂主人静七謹啓ス」として、古典籍の尊ぶべき理由を述べ理想実現のために「月報」を毎月一回発行する事を宣言してあります。日本の古書販売目録としては最古のものの一つで、その百号は大正十四年十一月に刊行され、以後昭和十六年頃まで、前後五十年以上も続刊されました。第百号の巻頭には、富岡鉄斎が古井翁の肖像を描き、且つ自筆で賛を加えた幅の写真を掲載し、次ぎに内藤湖南、大槻如電、今井貫一、幸田成友、その他六人の有名な学者、蒐集家執筆の、それぞれかなりに長い、お座なりでない祝い文がのせてあります。湖南博士は「我邦二大古書肆の一つ」とほめ、幸田博士は「日本第一の販売書目」と称賛しております。

私が初めて文一郎さんの姿を見たのは、昭和二年六月の渡辺霞亭文庫の大入札会の時だった様に記憶しています。同年三月末、学校を出ると直ぐに一誠堂に奉公し、前垂れがけの新米店員でしたが、主人の好意で、特にこの晴れの舞台の見学に同行してもらいました。遠くの上座に並んだ二人の内、お父さん（三代目静七氏餘霞と号し、積極的な営業ぶりの人）は丸顔の太り気味、文一郎さんはやせて細面、対照的な親子連れ。椀伏せ入札の時代ですが、餘霞翁は中風の気味で、筆がとれないらしく、列座の中を一まわりした入札品が、おわりに中座の前に据えられると、老人は小声で値段を（多分符牒で）ささやく、若い人がスラスラとお椀の内側に数字を書き入れて、ポンと中央へ投げる。その動作が、ごく滑らかに自然に幾度も繰り返されました。「仲のよい親子だな」という印象でした。

―文一郎さんとの交友―

一誠堂はこの頃から急激に発展して、昭和五年末には、鹿田さんと共同で、新潟県の桂家の万巻楼の厖大な古書の売立を、大阪で開催しました。この時から、私は文一郎さんとおつきあいする様になりました。昭和七年の秋、独立開業しましたが、主として修業した洋本を去って、和本を本業にしようと決心しました。同年十一月には、大阪の和本の大市会へも出掛けて、いくらか目星しいものを買う様になり、やがて文一郎さんとも懇意になりました。

その頃のお店は、東区安土町の静かな問屋街の中にあって、広い間口の、木口のシッカリした、二階建の商家造りでした。古風な造りですから、全体として薄暗い感じでしたが、奥行きが大変深く、その突き当たりに大きな土蔵のある、堂々たる店構えでした。店先きには、本はごく一部分、重ねて棚に飾られてあるだけ、来客があると、求めるものを聞いて、それを奥から、土蔵から取り出してお見せする。店の二階には応接間があって、懇意な顧客はそこへ通す、そういうやり方。営業の中心は概して目録販売にありましたが、もちろん親しい有力な顧客も多かったのでしょう。私は時に店先きで、時に二階で、色々なものを見せて頂き追々にお親しくなりました。

―紀州徳川家で名家の売立会―

昭和四、五年から十年頃までは、今の要太郎さんの祖父の梁江堂杉本要さんの全盛時代で、斬新な形式の目録を発行し、各所でしきりに古書展を開催して、業界に新風をまき起こしていました。昭和八年には、永く病臥されていた父餘霞翁がなくなられて、年若くして松雲堂を継承された文一郎さんは、新興の強敵を相手にして、さぞやりにくかったでしょう。しかし、旧来の信用は堅く、又広く、毎年の様に大きな一口物の札元をして、業界を賑わせせられました。

目ざましい活躍を見せられたのは、昭和九年六月の、紀州徳川家の蔵書売立会の時です。御三家の一、紀州六十万石の大々名の蔵書ですからその全部ではなく、ごく一部分で、総点数百五六十点ですが、名品が多く、特に紀州関係の名家の自筆稿本類や、本草書の良いものが数多くありました。出来高は一万三千余円に達し、文一郎さんは、一人でその約七〇パーセントを落とし、買高は九千円を超えました。これには全くビックリしました。あとで語られたところによると、主として京都大学と紀州の某有力者の注文だったのだそうですが、この独走ぶりの見事さは、前後に例のない事です。

その後も、淡路の名家仲野安雄の旧蔵書、久原家蔵品の二回の売立、黒崎貞枝氏蔵書等の札元を勤めて、底力を示されましたが、松雲堂の名を永く業界の歴史に留めるものは、昭和十三年の富岡文庫の売立会でありましょう。

富岡家と鹿田松雲堂とは、古く且つごく親しい関係らしく、少なくも古丼翁以来、松雲堂三代にわたるもので、或は初代河内屋静七以来、四代にわたるものかも知れません。第百号の巻頭には、鉄斎の自画賛の画像の外に、長文の松雲書荘あての手紙の写真があり、その文中に「……愚耄之註文書、昨夜相達し候。其敏速に一驚致候。成程御家運の盛隆在此歟、感服且歓喜致候……」と記してあります。鉄斎の令息謙蔵さんは、「古鏡の研究」等の著書で知られた京都大学の先生で、惜しい事に早くなくなられましたが、又大の本好きで、鹿田さんの上顧客であったらしく、文一郎さんは、よくこの人の思い出を語られました。それこれの縁故で、売立を一任されたものでしょうが、何しろ質量共に未曾有の大口ですから、全権を託された鹿田さんは、慎重を期して、京都の佐々木竹苞楼・細川開益堂、東京では村口・文求堂・浅倉屋・一誠堂・反町の五店に、共同の札元を依頼されました。当時としては、三都の一流古典籍商（新参の私は別として）のすべてを網羅した堂々たる顔ぶれ、前例のない偉容です。下見展は三都で開催、これも前代未聞。大阪では、住吉公園内の大きな料亭、新明月の二階百畳敷の大広間で二日間出品は国宝の唐鈔本王勃集以下、和漢洋の古写・古版、名家自筆の名品・稀覯本を網羅し、下見分だけで約六五〇口。入札も同所で二日間、終始白熱の緊張裡に、総出来高は八万五千円を超えました。一口一万円を超えると、大入札と呼ばれる時代ですから、全く業界始まって以来の巨額でした。

翌年三月、その第二回が、ほぼ同じ方式で開催されました。この度も、国宝毛詩正義以下千点を超え、出来高は七万三千余円に達しました。総計十五万八千円。全く空前、今日まで絶後の内容のものでした。前後を通じて、企画及び準備・後始末等の事務のすべてを、鹿田さんは独力で処理実行され、我々札元たちは、名を列ね、入札するのみでした。鹿田さんの企画力・実践力・特に寄託者富岡家に対する誠実且つ献身的な努力に、スッカリ感心し、以て範とすべきを感じました。

お仕事としては、引きつづいて、大阪の儒者伊藤介夫翁の、有不為斎文庫の大口売立を主催された前後が、絶頂だったでしょう。昭和十年に南区順慶町の賑やかな場所に、弟さんのために、キレイな支店を設けられましたが、弟さんが出征され、後になくなられた前後から、安土町を引き払って、ここへ移られ、住居を、後にはお店も、帝塚山に移されました。

戦争が益々はげしくなり、物資の欠乏はひどく、用紙がなくて目録の発行が不可能になった頃から、運悪く永く病床につかれ、終戦前後の最悪の条件の中で、ついに再起出来ず、二十二年十二月にさびしく遠行されました。

私はかなり親しくして頂き、浅倉屋さんと三人集まり、大阪では御馳走になり、東京ではおもてなししました。いつも清交で、暖かいおつきあいでした。

（「大阪古書月報」第一八三号　昭和五十四年一月一日）

資料22　富岡文庫第一回売立会出席者一同写真

昭和期最大の入札会と称された富岡鉄斎旧蔵書の第一回売立会の様子をうかがい知ることの出来る写真。富岡家から全権を委ねられた四代静七は三都一流の札元を人選し、下見会も三都で実施。のちに反町弘文荘をして「これに勝る典雅な古書入札目録は見た事がありません」と言わしめた豪華な「富岡文庫御蔵書入札目録」を作成し、無料で二千部送呈するなど大胆な売立手腕を発揮した。昭和十三年（一九三八）五月二十八日東京下見（東京図書倶楽部）、六月一日京都下見（岡崎公会堂）、同二日大阪下見（大毎岡島会館）。入札日時は同年六月四日・五日、大阪住吉公園の料亭新明月の二階の大広間で行われた。札元東京・朝倉屋書店、村口書房、文求堂書店、一誠堂書店、反町弘文荘　京都・佐々木竹苞楼、細川開益堂　大阪・鹿田松雲堂。第二回が昭和十四年三月開催。掲載写真の裏面貼紙にペン書きにて列席者の書肆名等が記されており貴重。ただし「六月六日」とある点は未詳。

昭和拾参年六月六日晴天（大阪住吉公園新明月にて）
富岡文庫第壱回売立会列席者
【貼紙】
昭和十三年六月六日住吉公園新明月にて富岡文庫第一回の札会場之図
東京十八人
京都十五人
名古ヤ三人
神戸三人
広島二人
和歌山一人
伊賀一人
大阪二十九人

後列右ヨリ
六書房氏
弘蔵
松葉氏
黒崎氏
若林氏
吉村氏
誠文堂氏
山田氏
臨川書房氏
高尾氏
白州堂氏
桑田氏
彙文堂氏
ロゴス店員
花井氏
文屋氏
堂場氏
村井氏
竹野氏
古家氏
今城氏
西十氏
藤井氏
東京古屋氏
（下段に続く）

前列右ヨリ
白神氏
中尾店員
中村氏
谷川氏
いろや氏
武藤氏
井山氏
庄七
三密氏
鹿田主人
松本氏
佐々木氏
石川氏
佐々木氏息
東野氏
細川氏
東京細川氏
村口氏
文求堂氏
文求堂氏息
杉本氏
一誠堂氏
朝倉屋氏
反町氏
（下段に続く）

（後列の続き）
文筆堂氏
氏野氏
玉樹氏
浅野氏
金沢氏
江田氏
山本氏
水谷氏
杉本氏息
中尾氏
花井氏息
其中堂氏息
松本氏店員
海野氏
藤園堂氏
文筆堂店員
沖森氏
誠心堂氏

（前列の続き）
琳楼閣氏
三隅氏
波多野氏
巌松堂店員
井上氏

（昭和十三年六月六日　住吉公園新明月にて撮影）

資料23「帝塚山鹿田文庫開設予告」

大正五年（一九一六）三月の「古典聚目」号外から目録表紙右下に「創業弘化元年」の文字が加わったことは第百号掲載幸田成友の文に詳しい。ちなみに古井『思ゐ出の記』では「弘化二年於同町貸本を営業とす」とも「祖父清七　開業天保十四年卯閏九月十八日」とも記されていた。この開設予告は、副題にあるように、翌昭和十八年（一九四三）が弘化元年（一八四四）から数えて創業百年にあたることを記念し、帝塚山に建設中の書庫内に、「浪速文化興隆の一助」として、商品以外の古典古写本、書画類を収蔵した資料文庫「鹿田文庫」を開設することを告げたものである。第一期として蒐集を始めた「大阪郷土資料」は、翌年実際に展覧された。なお「古典聚目」は現在確認しうる限り、本号が最終号にあたる。

帝塚山鹿田文庫開設予告

—松雲堂創業壱百年記念事業として—

弊堂が弘化元年に当地大阪で書林を開業致しまして明年で丁度満百年になります、明治維新から昭和維新へ幾変遷の長き時代（弘化、嘉永、安政、万延、文久、元治、慶応、明治、大正、昭和）同じ土地で商業に従事さして頂くのも皆様の御蔭と厚く感謝致して居ります、それで何かこの機会に記念の仕事を始め度いと考へまして、かねてから弊宅の近隣（帝塚山学院前）に土地を卜して書庫を建設中でありましたが、最近書庫内外部の整備も出来ましたので、鹿田文庫として商品以外の古典古写本、書画類を蒐蔵して一般同好の方々の資料文庫として出発致す事になりましたから御利用下さい、勿論個人の小文庫であり完備を期する事は不可能ですが、浪速文化興隆の一助ともなれば幸甚です、何卒微意御了承の上この上とも御後援をお願ひ申上ます、先づ第一期として「大阪郷土資料（書籍、古文書、記録、文献、書画類）」の蒐集を始めてゐます、近日家蔵目録を印刷の上御贈呈申し上げますから御希望の方は御申込置下さい。

先は右御報告まで昭和十七年十月一日帝塚山鹿田文庫松雲堂四代鹿田静七記

（「古典聚目」第一五四号　昭和十七年十月）

資料24　蒹葭堂研究会ならびに法要関連資料

「蒹葭堂日記を読む会」、のちの蒹葭堂研究会を文一郎が精力的に推進していくが、蒹葭堂翁が大正十三年（一九二四）二月に御贈位（従五位）されて満二十年目にあたることを受け、蒹葭堂百四十三年忌法

要を一月二十四日に執り行った。その関連資料である。以下仮に番号を付しておくならば、
（1）昭和十八年（一九四三）一月付、蒹葭堂百四十三年忌法要及講演並びに展観案内状、和文タイプ印刷二葉。
（2）昭和十八年一月十五日付、蒹葭堂百四十三年忌法要及講演並びに展観案内葉書、一枚。
（1）は「蒹葭堂日記を読む会」同人向けのもので、当日配られた謄写版刷テキストのことにも触れる。（2）は一般向けの案内葉書。「郷土研究上方」第一四六号（昭和十八年三月）でこの蒹葭堂の法要記録が掲載されている。また、参考までに餘霞『要用日誌八』より贈位に関わる箇所を抜萃しておく。大正十三年二月「十五日図書館へ行今回贈位之蒹葭堂篠崎外諸氏之祭典を兼遺物展覧会開催の相談に行く廿五日より挙行と決す以後日々遺物借用に奔走す」「廿二日京都訪問岩崎訪問富岡先生にて蒹葭堂遺物相借」「廿八日図書館贈位先哲遺物一覧す予の思も達し満足なり」とある。

（1）昭和十八年一月付、蒹葭堂百四十三年忌法要及講演並びに展観案内状

拝啓　新春之御慶申述候各位益々御多祥之段奉賀上候
陳者旧臘染料会館にて「蒹葭堂日記を読む会」の初会合致候処御多用中御参集被下厚く御礼申上候
当日の御協議により本年度より隔月に一回宛「日記を読む」研究会を開催致す事に相成り、今月は第一回分として安永八年（翁四十四才の時）分の複写を作成すること丶相成候処浪岡様、須田様等の御助言により電気速写による完全なる原寸大の写真複写を完成仕候これは研究上、非常に都合よく出来

上り候　部数は三十部を限り申候につき御知友の中にて郷土研究に御熱心の方々御紹介下され候はゞ
御加入願上度存候
ついては本年は蒹葭翁歿後百四十三年、又大正十三年二月に御贈位（従五位）の恩典に浴されてより
満二十年目に相当致候　翁の日記を閲するものは生前その交友する人士の頗る多数なる事に驚かざる
もの無之かと存候も翁の歿後子孫の所在も判然せずまこと淋しき限りに存候　浪華文化の先賢を追慕
する吾等として今回「日記を読む会」の開催を期として一日翁の墓域の所在小橋寺町大応寺に於て心
ばかりの法要を修し、翁の冥福を祈り度存候　幸ひ大阪史談会上方郷土研究会及橋本曇斎会よりは御
後援の御快諾を受け候につき来る一月二十四日午後一時（翁の忌日は享和二年一月廿五日）より右寺
院にて法要及講演並に翁の遺品、手沢本、文献類を展観致し、翁を偲ぶ会合を催すこと、相成候　何
卒微意御賛同の上は多数御参詣下され度此段御案内申上候
尚右蒹葭堂日記今月分は当日会場にて配布（但し研究会員に限る）申上べく候間当日費用として金
五円也御持参被下度候（実費の残額は当日の法事の諸費の一部に充当の予定に御座候）
右御報告旁々御依頼申上候
因に只今迄の研究会員連名は次の方々に候（順序不同）
浪岡具雄氏　高梨光司氏
高安六郎氏　後藤捷一氏

西村　貞氏　　南木芳太郎氏
紙谷重良氏　　羽間平三郎氏
森　繁夫氏　　鷲谷　武氏
藤里好古氏　　須田元一郎氏
鹿田静七　以上十三名

右報告

昭和十八年一月　日

鹿田静七

様

追白

一、蒹葭翁の遺墨、手稿本、文献等御所蔵の方は当日何卒御出品被下度候　只今展観目録編輯中につき御出品目録は小生（鹿田）迄御報知被下度候

一、「蒹葭堂日記を読む会」は爾今「蒹葭堂研究会」と呼称仕候

一、蒹葭堂研究会の事務所は北区堂島浜通一ノ七〇オーム社方に置き候

一、蒹葭翁忌の世話係りは左記五名担当仕候
浪岡氏、高梨氏、南木氏、後藤氏、鹿田

（2）昭和十八年一月十五日付、蒹葭堂百四十三年忌法要及講演並びに展観案内葉書

拝啓　徳川時代の大阪を代表する一大文化人木村蒹葭堂歿後本年は百四十二《ママ》年に相当致し候につき郷土先賢追慕の趣旨に於て其命日たる正月二十五日の前一日を卜し左記の通り法要相営み引続き講演展観等開催仕候間何卒御来臨被下度此段御案内申上候　敬具

日時　昭和十八年一月廿四日　午後一時
（時間励行　晴雨不論）

場所　大阪市東区小橋寺町　大応寺（市電東雲町南入どんどろ大師前上る東側、門前に在標石）

講演　文化人としての蒹葭堂　高梨光司氏

展観　蒹葭堂著書並関係品

昭和十八年一月十五日

大阪市北区堂島浜通一ノ七〇　オーム社内

主催　蒹葭堂研究会

後援　大阪史談会
上方郷土研究会
橋本曇斎会

世話人

後藤捷一
鹿田静七
高梨光司
浪岡具雄
南木芳太郎

（昭和十八年一月）

（追補）昭和18年1月24日　木村蒹葭堂法要

資料25　「蒹葭堂日記を読む会」の想い出

昭和四十七年（一九七二）四月二十九日、大阪市天王寺区餌差町大応寺にて開催された「蒹葭堂日記復刻完成奉告墓前祭」において後藤捷一翁の語る懐旧談である。羽間文庫に所蔵する『蒹葭堂日記』の翻刻と複製が昭和四十七年に完成。蒹葭堂日記刊行会（代表者羽間平三郎、世話人野間光辰、大谷篤蔵、中村幸彦、水田紀久、中尾堅一郎の各氏）主催で行われた当日の式次第では、読経、献本焼香、挨拶（羽間平三郎、野間光辰）、来賓挨拶、想い出（松尾一夫、後藤捷一、中野操）の順で行われた。その様子は、混沌会編『混沌』創刊号（中尾松泉堂書店）に掲載された。後藤捷一翁の語るところは、戦争激化の中、四代鹿田文一郎が蒹葭堂日記の解明を試み文化に寄与しようとしたこと、鹿田家が中心となって営まれた昭和十八年一月二十四日の追遠法要のことどもであるが、今回の翻刻版と復刊が「蒹葭堂ご本人の喜びはもとより、第四世鹿田文一郎静七君の喜びは、より以上大きいであろう」との発言に翁の思いが集約されているだろう。なお、当日の回顧談の内容は「大阪史談」復刊第二冊（昭和三十二年五月）所載、後藤捷一「蒹葭堂研究会楽屋話と蒹葭堂日記」に重なるところも多く、参照されたい。

想い出
「蒹葭堂日記を読む会」の想い出

後藤捷一

足が悪うございますので、坐してしゃべらせて頂くことを、お許し願いたいと思います。本日、待望の蒹葭堂日記の翻刻版と複刊とができましたことは、郷土人として喜びに耐えません。それにつきまして、これを今日までに運ばれました諸先生方、またこれにご関係の皆さま方に衷心敬意を表し、またこの書を私せず、公刊に踏みきられた羽間文庫主平三郎氏に、深厚なる感謝の念を捧げます。本日、私当所へ参りまして、一番に感じましたことは、蒹葭堂ご本人の喜びはもとより、第四世鹿田文一郎静七君の喜びは、より以上大きいであろうと痛切に思いました。と申しますのは三十年前、この企画をしたのは実に文一郎君であります。戦争が激化しつつあった昭和十七年の十一月一日のことです、鹿田君はこの日記と先先代静七翁の作られた「蒹葭堂誌」とを持って、突然私の三国の宅へ見えまして、日記については識語にある点、「蒹葭堂誌」編さんの由来など、いろいろ私に話されました。私はこの日記の存在はとく存じておりましたが、原典を見るのは初めてで、心ゆくまで手にとって見せて頂き、おもむろに鹿田君の来意を伺いました。

この日、鹿田君が私を訪ねられた目的は、この日記が読みづらく、全然読めない部分もあるし、同一人をいくつにも書きわけたり、わからない部分が多い、それでこれらを解明して、文化史上に寄与出来るようしたいと思うが、ご協力願えないか、それには大阪史談会が主体となってやってもらいたいといふにありました。それで私、考えましてこの問題は史談会といふような狭いものに局限せず、あらゆる層からこの面の識者を集め、衆智によってやられたらどうかと、南木芳太郎君の上方郷土研究会と、浪岡具雄さんの橋本曇斎会とを推挙しまして、このお二人に適当な方を推薦していただき、無論史談会も参加して尚それ以外にも、適当な方があれば加入して頂いたらと、愚見を呈してお別れしました。すると鹿田君はすぐ明けの日、南木、浪岡両氏と連絡の上、十五名の方を選ばれて再び来訪され、会名を「蒹葭堂日記を読む会」として諸準備相談会の召集状を発送致しました。して、その会場は当時私が預っておりました、東横堀唐物町一丁目の染料会館、この建物は大阪の染料商が主体となって、これに京都の染料屋が参加して設立した公益法人の社団法人でありました。で、会員の集会などには部屋を無料提供しておりましたが、業者以外の方にお貸するといふことはこれが初めてでありました。ところが鹿田君は事務所もここに置いてもらいたい意向でありましたが、その前業者のあまり芳ばしからぬ会が、看板を掲げさせてくれといふ申し込みがあり、それをお断りした手前、それは私の立場として困ったのですが、下相談の節、浪岡さんが事務所は私方に置きましょうとの申出があり、堂島毎日新聞社の近くにあったオーム社に看板をあげ、愈々会は発足する運びと相成りました。

ところがこの日記と鹿田家との関係上、鹿田君は是非会が発足する前に鹿田家として法要を営みたいといわれ、十八年の一月二十四日、当大応寺におきまして法要執行後、高梨光司君の「文化人としての蒹葭堂」といふ講演と、関係諸文献や物品の展示会が行われました。この時野間光辰先生もおいでになりましたが、先生も日記を見るのはこの日が初めてだった、と、鹿田君から私は聞かされました。そして十五名の会員には集会前、日記をお渡しせねばならぬ必要上、これには当時随分苦心しましたが、府立図書館のお世話で電気速写といって、日記の綴じをはずし、バラバラにして青写真に似たプリントを作り、会員はそれによって検討し、集会日に持寄るといふ仕組に致しましたが、このことを伝え聞かれた方々の入会申込みがあって、三十名にふくれ上り、まだ増加の傾向がございましたが、テキストの関係で三十名で押え、第一回の会合が十八年四月九日夜、染料会館で開催致しました。その前に誰か柱となって司会と進行係とをやらねば能率が上らないと、野間先生にお願いしまして御承諾を得、それに各会員の研究や意見を開陳するといふことにして発足しましたが、輪講中に警戒警報のサイレンで消灯せねばならず、当時を想起するとゾッと致します。またこの会合は調査に時間を要するので毎月の開催は無理で隔月といふこととなり、第二回目が六月十九日に開かれましたが、この一回と二回で漸く安永八年の分が終了しました。ところが戦況は日増に悪しく、続けることは出来なくなり、自然中絶するの止むなきに到りました。現在この当時の会員で生き残っているのは、日記を所蔵されている羽間さん、文楽協会の鷲谷さん、それに私との三人にすぎません。申し遅れましたが日記を読む会は、十八年一月、大応寺の法要後、蒹葭堂研究会と改名されたのであります。

さてその後、戦争は逐次悪化し、鹿田君は徴用と召集を恐れて、軍需工場へ席を置くこととなり、国鉄東淀川駅近くにあった吉川製油の工場に入りました。ご承知の通り同所は阪急三国停留所とは東西一直線上にありますので、鹿田君は度度私の宅へ立寄られ、話はいつも蒹葭堂日記に及びましたが、或時次のようなことを語られました。今は読むことも加注することも出来ぬが、これが完成の暁には研究会の名で全国書房が発行させて呉れといわれるので、日記は全国書房の大金庫へ預けました、これで安心ですと。その後二十年三月十四日に大阪大空襲があり、全市焼野原となりましたが、その二日後私の家を訪ねられて、「喜んで下さい、日記は無事でした、ヨウ預けたものと思います」と、わざわざ無事の報告に来られたのであります。その後また四五日たって来訪を受けましたが、その節には折悪しく私が書物を東豊中の友人の許へ疎開するため、大八車に積んで戸締りした直後だったので上ってももらえず、ただ三国駅まで歩きつつ加注書の出版に就て、全国書房とのことを繰返し繰返し話したのでした。その後暫く来訪が杜絶えたものと見え、私の日記には記載がありませんが、二十二年十二月十三日突如、逝去されたことが通報せられた点から考えると、無消息は病臥せられていたものと推定せられます。

さて私は鹿田君の訃音には一驚を喫し、すぐ駈けつけて霊前に額づいたのは云うまでもありませんが、その節未亡人と章太郎君とに向って、発した第一の言葉に「鹿田家代代の重宝蒹葭堂日記は全国書房へ預けて無事だったことをご存じですか」であったが、その回答は全然ご存じないとのこと、では「中尾のおじさん（先代熊太郎氏）にでも頼んで取戻すようにしなさい」と注意して帰宅した。その後中尾氏から聞くと中尾氏は章太郎君を同伴して全国書房にいったが、「あれは鹿田君から生前、三千円で譲ってもらったもので預り品ではありません」と取合ってくれなかったそうです。死者に口なく私はその真疑を知りません、然し前述の様な経緯で日記は鹿田家を離れ、その後転転として羽間文庫に安住したものですが、その転転の道筋は翻刻本に詳記せられているので省略致します。今日、結実した日記の解読、加注の企画は既に戦時中にあったものの、今考えると当時のグループによって、果して今日の如き成果を揚げ得たか否、いささか心細く思われる点もあり、本当にこの度は関係の皆様大変なご苦労でございました。定めし鹿田君の霊も地下で喜んでおられることと思います。どうか皆様鹿田君の先志を汲んで黙禱を捧げていただき度いと思います。これで私の思い出話は終らせて頂きます。ご静聴有難うご座いました。

（「混沌」創刊号　昭和四十九年三月三十一日）

資料26「大阪郷土資料展観目録」序

昭和十八年（一九四三）八月二十四日より二十九日迄、大阪大丸三階展観会場にて創業百年を記念して「鹿田文庫大阪郷土資料展」が開催された。二十二頁からなる展観目録の表紙題を「鹿田文庫大阪郷土資料展観目録」、内題を「鹿田文庫所蔵大阪郷土資料展観目録」とする。その序文を「郷土研究上方」の編輯者南木芳太郎が記している。同目録に「舌代」（＝口上）として静七の述べる処によれば、「業務の余暇先代達が愛蔵してゐました書画、古本類が相当蒐集されましたので、この機会に各位の御尊覧に供し、せめて職域奉公の一端と致し度い」とのこと。本展観をはじめ、同年六月二十三日に開催された大阪史談会主催「鹿田文庫考古資料展」、同展観目録（一枚）も創業百年記念事業の一環としてのものだったのだろう。

序

鹿田松雲堂は弘化元年の創業にして本年恰も百年に当るといふ、当主は即ち四代を継承して夙に業に励まる、は浪華商賈の誉といふべし。惟ふに業祖河内屋清七は初め北久太郎町に住し、書肆を営む傍ら文筆に親しみ、当時の文人墨客と交を結び、わけて大阪俄の趣向を立てること巧みなりしと見え一花堂山水の雅号を以て本を著述上梓されてゐる。二代古丼翁又博雅にして交友四方に普く業界の長として出版に貢献せられること多し。三代亦篤実勤勉の人であつた。かくて伝統的に初代より二代三代と久しく蒐集愛玩せられたる書画、珍稀本等夥しき中より大阪に関係あるものを選み、今度創業百年記念として大丸会場にて陳列公開せられると聞く、こは祖先を憶ふの情切々なるものがあると共に当代静七がよく遺業を守り物を逸散せしめず、趣味を伝承せられる結実として、洵に徳行の至りといふべきである。

八月上旬

辱知　南木芳太郎　識

（「大阪郷土資料展観目録」鹿田文庫　昭和十八年八月）

資料27　文一郎ノートより

大正十四年（一九二五）一月一日から一月三日の日記。ノートにペンにて横書。記載はこの三日間のみである。前年の大正十三年一月「十日午前三時文一長女やす子安産す　篠原にて被産」（餘霞『要用日誌八』）と、長女やすが誕生し、塩町に新宅を構え初めての正月を迎えた。篠原家は文一郎の妻ヨシの実家。親戚を交えての様子が記され微笑ましい。

大正十四年一月一日　天気晴朗、寒風強し、

午前五時半起床、親子三人及ふさと共に雑煮を祝ふ、塩町宅にて最初の元旦、やすもすこやかにてよろこばし、朝大毎紙を見富岡鉄斎翁の危篤を知り驚く、父急遽お見舞のため京都へ行かれし由武二より報知あり、九時安土町へ行く、紋着に衣服を整へ、塩町へ帰り御近所への挨拶に廻り、十時篠原へ参る、御酒をいただき正午に至る、父上と雑談数刻、淘げについてことに御教示をうくること懇篤なるものあり、感ずる所甚深し、「七福神古事来歴物語」父へ呈上、各子供へお年玉を贈る、電車にて帝塚山赤志へ参り、住吉神社参拝、参詣人頗る多し、草野、扇野、柏原、渡辺、石塚の順にて父の代りもこめて年賀訪問、五時帰安、よし、やす、ふさ　安土町へ参り居り共に塩町へ帰宅、

（追補）大正14年1月2日　高島屋にて

晩餐、後　伊東先生始め原田、斉藤、其他の知
友へ年賀状をしたゝむ、
今年は牛の歩みの如く、いそがず、力強く進み
たし、勉学おこたるべからず、修養ゆるかせに
すべからず、商売又努むべし、年頭に際し感ず
る所多大、其の実行躬践、日誌の跡や必ずその
結果する所を知るべきか、
本年の実行―日記、―早起、―修養

一月二日　天気殊に快晴、風前日ににて強し、寒気やゝきびし
午前四時半起床、朝風呂へ行く、多数の浴客屋に満つ、父よりの伝へありて安土町へ参る、鉄斎翁
逝去の話をきく、今日も又京へ行かる、塩町へ帰る、敬四郎を伴ふ、よし、やす、敬四郎と高島屋
へ写真を撮りに行く、途中篠原の母上に遇ふ、四人一所とやす一人の二枚を撮る、午後　森利夫先
生、中尾、森田、沖森等へ廻礼、御霊、難波神社へ参拝、○午後より安土町よりと篠原とより子供
大勢遊びに来る、
　武二、しづ、まさ、せつ、敬四郎、村吉
孝助兄、きよ、きぬ、とよ、志づ、せん、信三、正吉

の外お向かひの山本さんの娘さんも交り、カルタ、トランプ等にて夜のふくる迄歓楽、十一時散会す。

一月三日　晴

午前六時半起床、九時安土町へ、午後帰塩町、夜篠原子供達と遊戯す、

（大正十四年一月）

資料28　「安土町通りのことなど」「赤煉瓦の校舎の思い出」

船場小学校出身者により大正末期から昭和初期の中船場を回想しての文集『船場を語る』（船場昭五会篇、中尾松泉堂書店取扱、昭和六十二年刊）より採録。四元弥寿「安土町通りのことなど」は鹿田松雲堂のあった昭和初年時の安土町界隈の様子を伝えてやまない。鹿田敬四郎（三代静七四男）「赤煉瓦の校舎の思い出」は、船場小学校のモダン建築ぶりとその建築に奔走した二代目古井の様子を伝えてくれる。二代古井『思ゐ出の記』末尾に「明治二十六年六月、東区船場尋常小学校設置員、担区学編委員（委員長となる）」とある。

安土町通りのことなど

四元弥寿
（旧姓 鹿田）

㈠ 安土町通り―その一―

東区役所の北側を西に向かう。この通り、船場小学校正門跡を右にみすごして少し行くと、正面に思いのほか近く北御堂の正門があった場所が見える。安土町通りである。

板屋橋筋（堺筋の二つ東の通り）西南角に交番があり、汎愛幼稚園、木原忠兵衛宅とつづく。北側角、植村琴三絃店と三軒おいて、佐倉医院と軒が並んでいた。昭和十二年頃の古い記憶。

戦火に焼け、異なった船場を見度くないと拒んでいたのに、おそるおそる覗いたこの辻で、現実に、植村小七琴三絃店を見たのである。表札をよく確かめて、更に店内に入った。

「昔から、此処にいてはった、植村のお琴屋さんですかしら」

「さよでおます。焼けて、えらい目えしましたけど、お陰さんで、また此処で、店をさして貰てます」

船場言葉も、そのままで、聞くうちに、熱いものが込みあげる。徐々に、船場が、戻るのであろうか。いいえ、それは夢想である。

何も彼も、容易く復古することは出来ない。どうすれば、船場が甦るのか、何う仕様もない想いに落ちいった。しかし、微かな光りを見た思いであった。

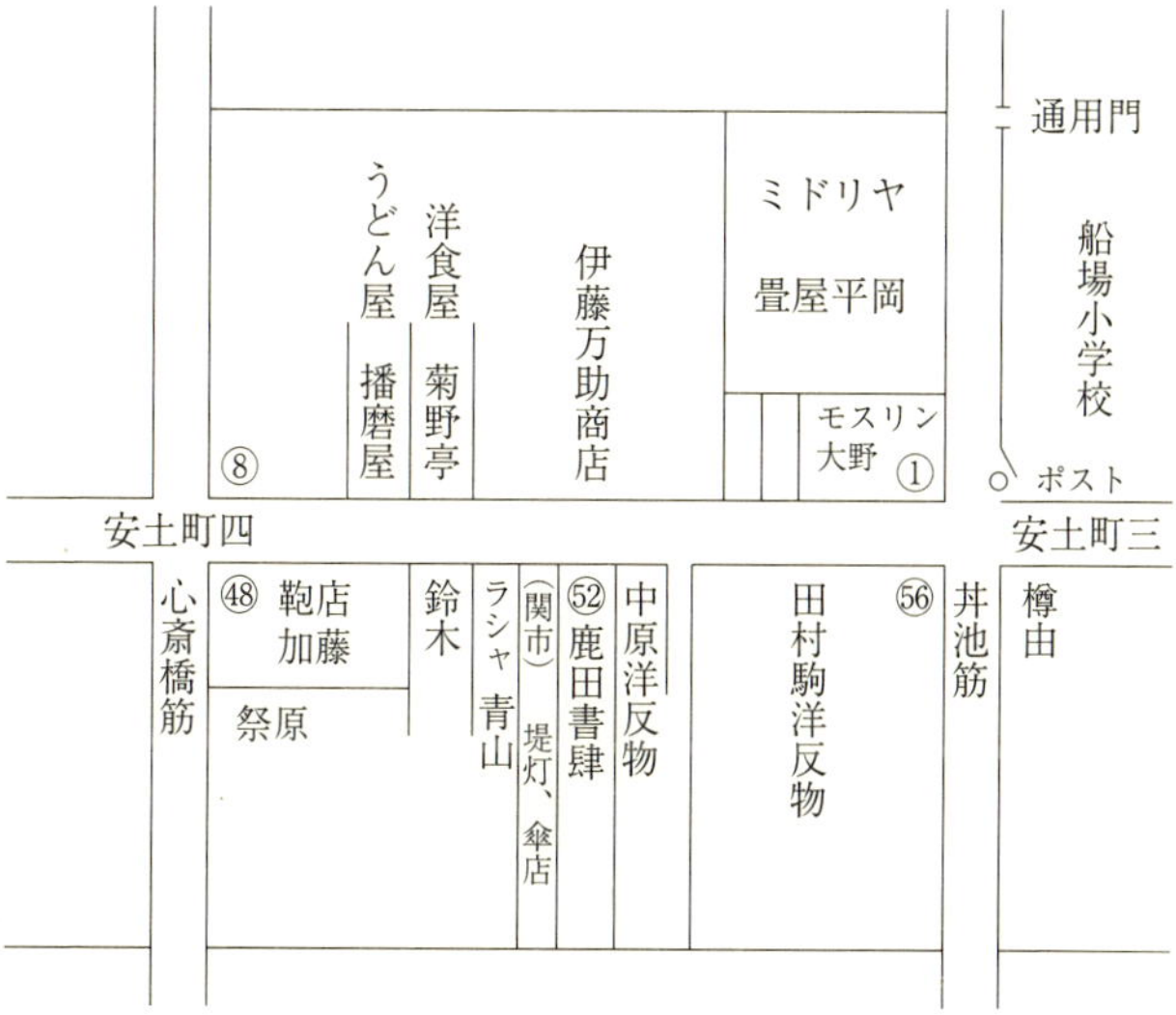

大正末期・昭和初期　安土町四丁目

㈡　安土町通り―その二―

明治元年のことと思われる。「明治天皇さまが、大阪においであそばしまして、皆が、土の上に土下座していて、お迎え申しあげました。そのとき、袍をお召しになり、みづら（髪を頭上で左右に分けて、おのおの両耳のあたりで輪にして、耳の前に垂れ下げた形の結い方）に、お結いになって、輿で、安土町を真直にお通りになりました」右は、その頃、心斎橋筋に住む、書肆、梅原亀七宅の祖母様の昔語りである。（辻豊様より）

皇族方がお成りのおり、前例もあり、安土町を通られる、と聞いていたので、合点がいった。西本願寺津村別院が、行在所とされたとのことである。誇らしく、思い浮ぶ安土町通りである。

㈢　とうさんの琴

船場うちの、とうさんは、殆ど数え年六才の六月六日からお稽古ごとを始める。琴は、第一位を占める。琴三絃の店は、平野町にも三軒あり、お師匠さんも八軒ぐらい、菊□という看板をあちらこちらで見掛けた。琴の音は聞く人の心に残る。

お師匠さんが出稽古に来て、調子を合わしている間に、とうさんは、そっと抜け出して、隣や向いの店に消える。

同じ個所を間違うと、厳しく叱るし、丁稚のほうが覚えて口吟むので、つい逃げ出すのだが、もう帰られたよい頃と、座敷を覗く、「とうちゃん、お帰りやす。さあ、お稽古しまひょ。」と、いう事になる。

すべてのお稽古ごとは、女の嗜みとして、習得したものである。

㈣　佐倉了八先生

佐倉了八先生は、立派なお人柄の、船場の医者という、風格のある方であった。

娘の道子さんは、病身で、女学校へ人力車で往来する時があった。

当時（昭和十二年）各町内に、人力車帳場があって、車夫が客待ちをしていたが、次第に消えかけて、医者宅などにお抱えの車夫や人力車をみる位になって来た。往診をして貰うと御車代を添える。

道子さんのお弁当箱の上に、それらの御礼包の白い部分を切り取った和紙がある。御母様の細々と記した達筆の筆先を、毎日、感動して眺めたものである。

(五)　曾呂利新左衛門

天正年間（一五七三〜九二）

大坂築城のときから、商人の町として発展した船場に、数多くの物語りや文化がある。中橋筋の安土町東側辺りに、曾呂利新左衛門の屋敷があったという。

(六)　通り庭のトロッコ

この通りも糸偏の町で、大店が多い。通り庭の奥深い家で、奥倉から荷出しをするのにトロッコを使う。子供なら五、六人が乗れる鉄製のものが往来する。

綿ネル反物が二列に山積されて、通り庭を経て走り、店頭まで出される。（安土町二ノ三八山本綿ネル綿布問屋）

現在小型のトロッコがある宅（道修町三　山本鹿之助宅）

(七)　モスリンの店

モスリンは、一米位いの木枠の上の両端に、十七糎の太く長い針が止められてあり、針に布端少々を引掛けて、ヤール掛にする。屏風たたみの状態。これが軒先で行われる。花柄や色とりどりの布が舞う有様は、何時迄も、見飽きない。反物となり、包装した品物は、枠取りのある木箱に入れ、住所や店名を抜いた鋼板に、墨を付けた刷毛で、こする（刷る）。釘を打ち、細い二糎巾の鋼のベルトを、二本位い締めて仕上がる。

伊藤万商店（安土町四―三）も二階から、反物が滑り台で次々流れ出て来る。店頭で反物が見事に荷造りされる様は壮観であり、馬車が運搬に往来する。木箱が三、四段に何列も並んで居る。夕方は、子供達のお家ごっこの遊び場にもなった。

(八)　電信柱と覚え書

今も昔も、位置の変らないものに、電信柱がある。（少しの移動も理由申請が必要のため）

安土町四丁目の一町内中程にある柱は、西隣の関市さんの傘や提灯が仕上る様子を見る時の、私の背凭れであり、土間で寝そべるポインター犬の相手になるのも、柱の陰からであり、また隠れんぼの鬼の場にもなった。

（昭和十一年卒　安土町四丁目　古書籍店）

赤煉瓦の校舎の思い出

鹿田敬四郎

安土町側にあった赤煉瓦の校舎について私には次のような思い出がある。

五年生位のころであったと思うが、母と神戸の東御影に行った時、たまたま通りかかった御影師範学校の校舎が、船場小学校の赤煉瓦の校舎とそっくりのもの（ルネッサンス様式）であったので、不思議に思って母に話したところ、母は次のような趣旨のことを教えてくれた。

「母の父、即ち私の祖父（二代目静七）は、非常に熱心に学校の世話をしていて、商いをほったらかして、校舎の建築などにも力を入れていた。そのため、祖父は、船場の有力者と何度も御影に行っていたのを憶えている。従って、赤煉瓦の建物の見本は、この御影師範の校舎であることは間違いない。学校の校舎が落成した時は、祖父は大変なご機嫌で、自腹を切って饅頭を沢山調達し、家族やご近所に配った。」と。

この母の話をきいて、子供心に感銘し、帰ってから、あらためて赤煉瓦の校舎を仰ぎ見たことであった。

そのころは、校舎の建築の費用は、その筋からは一部分しか出ず、殆ど大部分はその校区の住民の熱意と努力によるものであったと聞いている。私たちの祖先が、船場人の子弟の教育にこのように力を注ぎ、立派なものを残してくれたのには驚いている。

船場には、船場、集英、愛日、汎愛、久宝、浪華の六校があり、互に他所には負けるなと競い合って大変だったようだ。

当時は木造が普通であった小学校の校舎の中にあって、初等教育の場に大金を投じ、煉瓦造りの立派な校舎をつくってくれた船場商人の意気には感じ入るとともに感謝している。（明治三十六年竣工）

いにしへの学びの舎は消えぬれど

心にのこる 想い出の数々

（安土町四丁目 古書籍店）

（船場小学校 昭五会篇『船場を語る』中尾松泉堂書店より）

五代松雲堂　鹿田静七

資料29　五代襲名通知はがき

昭和二十二年（一九四七）十二月十三日、鹿田文一郎の逝去を受け、二十一歳の長男章太郎が松雲堂五代静七を襲名する旨を伝える通知はがき。遺志を継いで帝塚山にて店舗を開業し和本を商ったが昭和二十四年を以て店を閉じた。

（昭和二十三年一月）

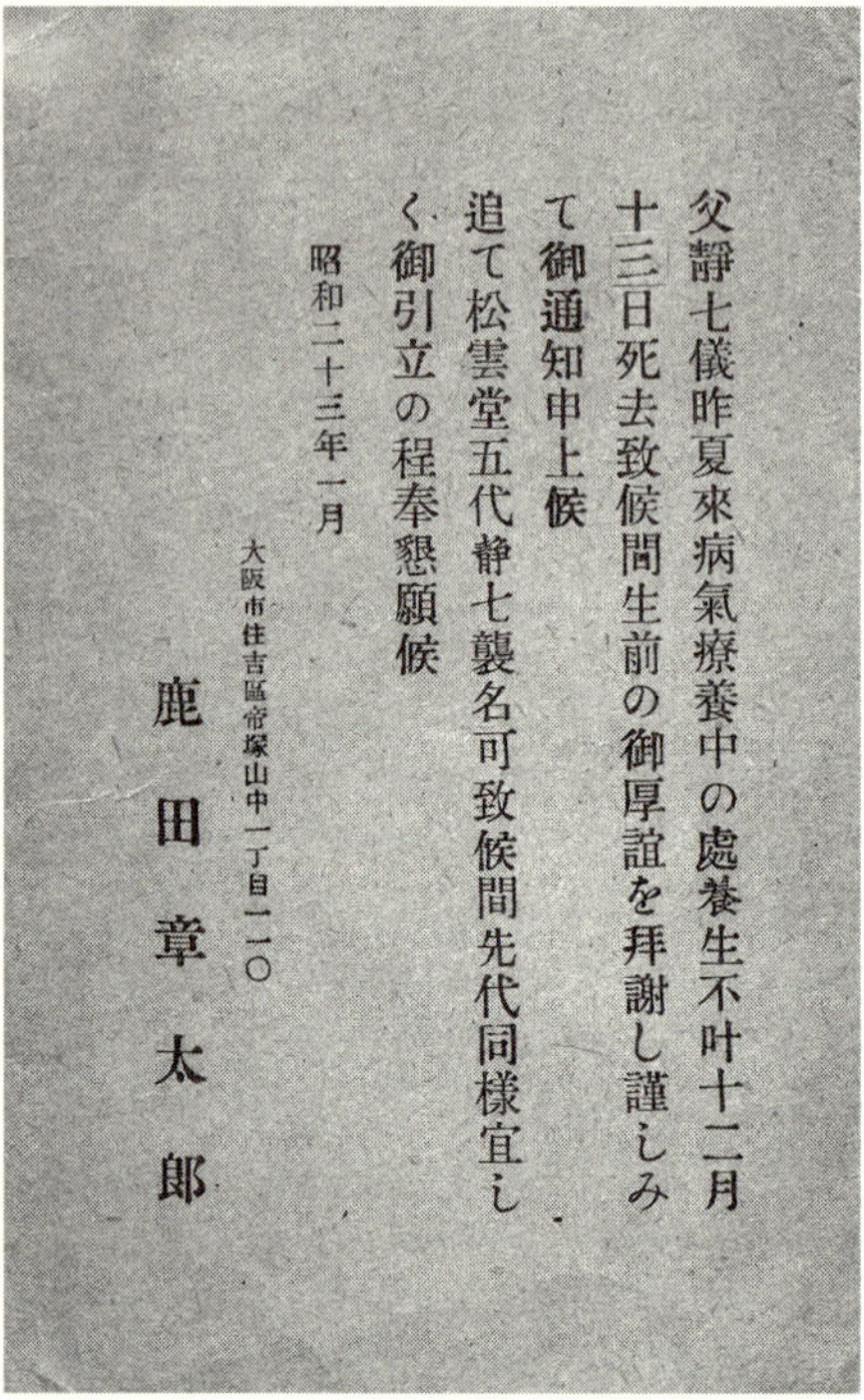
父靜七儀昨夏來病氣療養中の處養生不叶十二月
十三日死去致候間生前の御厚誼を拜謝し謹しみ
て御通知申上候
追て松雲堂五代靜七襲名可致候間先代同様宜し
く御引立の程奉懇願候

昭和二十三年一月

大阪市住吉區帝塚山中一丁目一一〇

鹿田章太郎

あとがき

私は幼い頃から、自宅の居間兼作業場で夜遅くまで仕事に励む母、四元弥寿（旧姓鹿田）の姿をよく見かけました。

母はもともと病弱で、私を産んでから一年ほど実家に戻って病床に伏せていましたが、体調が回復するとともに編み物を習い始め、自宅に戻ってからは編み物教室を開きました。さらに刺繡などの内職仕事も考案して教え始めたところ、仕事の速さや時代を先取りしたアイデアが認められ、船場の大手服飾メーカー等からも注文が入り始めました。好景気の後押しもあり、家の作業場に動力ミシン数台を設置して縫製工場とし、大阪府の認可を受けて内職の下請けさん三百人を抱えるまで事業を拡大させました。

母には相当の苦労があったはずですが、そのような素振りはおくびにも出さず、生き生きと仕事をする傍ら、趣味の書をたしなむ姿は「お稽古事にいそしむ船場のいとさん」そのものでした。母の作品の一つ『投轄』という書は、その「来客にゆるりとくつろいでほしい」という意味合いを込めて、タイユ株式会社の応接室に今も掛けてあります。昭和五十九年に完成させた、原図畳六畳分ほどの大きさの船場復元地図も、全て母の自筆によるものです。

こうして振り返りますと、実業家でありながら趣味人として生きた「鹿田松雲堂」歴代の血が母にも脈々と流れていたのだと思います。

鹿田松雲堂安土町店は、昭和十四年に四代静七が帝塚山に住居を移転して大きな書庫を建てましたが、昭和二十年三月十三日の空襲で心斎橋店と出征中の弟（武二）の妻子を失い、七月家屋強制疎開により帝塚山の家も倉庫も空けさせられました。三回もの引っ越し、その度に大量の書物の移動を一人で行うなど、憔悴する出来事の連続で心身ともに無理がたたり、四代静七は、終戦後の昭和二十二年に四十九歳で逝去しました。

その後、長男の章太郎氏が五代目「鹿田静七」を襲名し、鹿田松雲堂再興を目指しましたが、世の中は戦後の動乱期であり、再興への努力は口惜しくも実らぬ結果となりました。その後の章太郎氏は、鹿田家の大黒柱としての責務に粉骨砕身し、家庭を持ってからは四人の娘に恵まれて、毎年正月には、姉妹弟夫婦やその子供達、孫達までもが鹿田家に集まって祖母ヨシを囲んで賑やかに過ごしました。スポーツ万能で少し気難しく見えながら、心優しい叔父、章太郎氏でしたが、自宅にあった鹿田松雲堂所蔵の品々は家族にも触れさせずに、五十年以上もの間大事に守り続けていました。

章太郎氏歿後、奥様の京子様がそうした資料を、歴史的に貴重な文化資料なので個人が保管するようなものではなく、お姉さんに託したいと、母のもとに持って来られました。母はこれらの資料を預かるとともに、二代静七（古井）による『思ゐ出の記』を読み、また、江戸時代からの貴重な資料や記録の数々を眼のあたりにして、父である四代静七からも伝え聞いていた鹿田松雲堂の記録を自分が残さなければならないと思ったそうです。

五人兄弟の長女で、父、四代静七の寵愛を受けていた母は、商用で東京や京都に出張の時も度々同行したそうで、そのような時に、船場の商いを垣間見るとともに、代々伝わる鹿田松雲堂の話を聞いたのだと思います。

そして、平成十年頃から鹿田松雲堂について調査を開始し、その資料をもとに「鹿田松雲堂五代のあゆみ」を執筆し始めましたが、平成二十二年十月十四日に道半ばで他界しました。

母が残した記録を鹿田松雲堂の資料や写真も添えて自費出版しようと考えていましたが、この度、姉、山本はるみの大学の同期生である大阪大学名誉教授、柏木隆雄先生のご紹介により、大阪大学教授、飯倉洋一先生や大阪大学講師、合山林太郎先生のご指導を仰ぐことができ、また、歴史資料の翻刻には母の母校である相愛大学教授の山本和明先生にご尽力いただきました。

そして、「鹿田松雲堂は私の青春」とまで語られ、本書の序文を賜った肥田晧三先生は、私の母校でもある関西大学元教授であり、五代静七、章太郎氏の長女、原田登美子様（旧姓鹿田）が、同大学文学部の学生として肥田先生の講義を受けていたことが分かったのが本書発刊準備の折であったことは、偶然とは言えぬご縁を感じます。

このようにして、柏木隆雄先生を始め、各専門分野の諸先生方の熱意とご協力により学術的見地からも貴重な『古書肆《なにわ》鹿田松雲堂　五代のあゆみ』を完成させることができ、並びに、業界老舗の和泉書院様から刊行していただける運びとなりましたことに心から感謝いたしております。鹿田松雲堂の歴史が広く顕彰され、本書が日本文化史を研究されている方々の一助になれば、母にとってこれ以上の喜びは無いと思います。

最後に、大手前大学学長のご要職にありながら出版の実現に向けて終始先導していただきました柏木先生を始め、編集に多大なご尽力を賜りました諸先生方、この度の刊行準備のために姉、山本はるみがご指導を賜りました皆様方、中でも母に原稿の依頼をいただいた元ＮＨＫの大塚融様、京都のお店でお話をお伺いしました佐々木竹苞書楼様、貴重な資料をご提供くださいました中尾松泉堂様、中尾書店様に心から御礼を申し上げます。そして本書を出版していただきました和泉書院様に心より感謝の意を申し上げまして、はなはだ拙文ではございますが御礼の御挨拶とさせていただきます。

平成二十四年十月吉日

四元　大計視

著者略歴

四元　弥寿（旧姓　鹿田）（よつもと　やす）

鹿田松雲堂四代静七（文一郎）長女として大正13年1月10日生まる。船場幼稚園、船場小学校から相愛高等女学校に進学。20歳の時に海軍少将四元賢助の四男見昌と結婚、一男一女をもうける。30歳から70歳まで自宅で編み物、刺繡、縫製等を教授。38歳で取得した運転免許は、生涯無事故無違反、書道とバイオリンを趣味とし、60歳代で弟章太郎の率いる朝日新聞スキーツアーに参加するなど運動神経にも恵まれていた。平成22年10月14日逝去。享年86。

編者紹介

飯倉　洋一（いいくら　よういち）　大阪大学教授

柏木　隆雄（かしわぎ　たかお）　大手前大学学長・大阪大学名誉教授

山本　和明（やまもと　かずあき）　相愛大学教授

山本はるみ（やまもと　はるみ）　四元弥寿長女

四元大計視（よつもと　たけし）　四元弥寿長男・タイユ株式会社取締役社長

資料翻刻等執筆者

合山林太郎（ごうやま　りんたろう）　大阪大学講師

浜田　泰彦（はまだ　やすひこ）　大阪大学特任研究員

なにわ古書肆 鹿田松雲堂　五代のあゆみ　　**上方文庫39**

2012年11月25日　初版第一刷発行

著　者　四元弥寿

編　者　飯倉洋一・柏木隆雄・山本和明・山本はるみ・四元大計視

発行者　廣橋研三

発行所　和泉書院

〒543-0037　大阪市天王寺区上之宮町7-6

電話06-6771-1467　振替00970-8-15043

印刷・製本　亜細亜印刷　装訂　森本良成

ISBN978-4-7576-0637-1　C0300　定価はカバーに表示

上方文庫

21 京 大坂の文人 続 幕末・明治 付『大和国名流誌』　管　宗次 著　二九四〇円

22 上方浮世絵の世界　松平　進 著　二三一〇円

23 河内 社会・文化・医療　森田康夫 著　二九四〇円

24 淀川の文化と文学　大阪成蹊女子短期大学国文学科研究室 編　二四一五円

25 関西黎明期の群像 第二　馬場憲二・管　宗次 編　二六二五円

26 小林天眠と関西文壇の形成　真銅正宏・田口道昭・檀原みすず・増田周子 編　二六二五円

27 谷崎潤一郎と大阪　三島佑一 著　二四一五円

28 上方歌舞伎の風景　権藤芳一 著　二六二五円

29 大阪の俳人たち 6　大阪俳句史研究会 編　二六二五円

30 来山百句　来山を読む会 編　品切

（価格は５％税込）

日本全國古本屋見立番附

大關 東京 文求堂 別格 京城 金氏

●明治四十一年一月一日

大關	東京	琳琅閣
關脇	京都	若茂
小結	東京	松山堂
前頭	名古屋	三輪文
同	京都	細川
同	大阪	荒木
同	金澤	池善
同	熊本	齋藤
前頭	靜岡	勝見
同	金澤	近八
同	京都	林芳
同	東京	二三屋
同	京都	竹苞樓
同	仙臺	佐養
同	京都	其中堂
同	高田	室直
同	東京	村幸
前頭	三條	樋口屋
同	福岡	江藤
同	長崎	文園堂
同	松山	瀬良
同	久留米	本莊
同	神戸	小野卯
同	佐賀	西村
同	津	木村
同	博多	相川
同	東京	珠水屋
前頭	靜岡	郁文館
同	長岡	太刀川
同	松本	翔藝堂
同	東京	横尾
同	濱松	森合
同	箱根	川宮
同	横濱	桑文堂
同	奈良	豐住
同	岡崎	本文
同	金澤	伊田
同	東京	松幸
同	向町	八尾新
同	岐阜	文夜堂
同	一ノ宮	一新
同	津	山友
同	高知	濱田

世話方（市宿）

東京	大島屋
大阪	伊藤丑
京都	山茂
名古屋	秋源
京都	下村
東京	土井勝
東京	大矢
東京	伊藤福

和書 漢籍

全國舊家書所持品總計

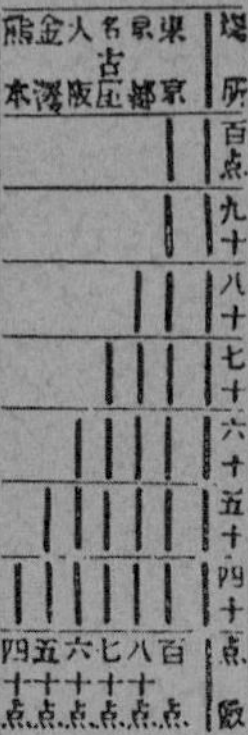

行司

見習 東京 磯部屋

東京 淺倉屋

見習 東京 森田屋

諸國後見 名古屋 其中堂

差添 東京 藍外堂

大關	大阪	鹿田
關脇	京都	山佐
小結	大阪	橋本
前頭	東京	吉金
同	京都	川勝
同	金澤	石久
同	東京	村口
同	名古屋	豊田
前頭	京都	都筑
同	大阪	長谷川
同	熊本	和知
同	新發田	齋藤
同	大津	中井
同	名古屋	其正閣
同	東京	吉川吉
同	仝	森江英
同	京都	木村
前頭	岩國	日新堂
同	徳島	松本
同	東京	河合
同	高山	平田
同	東京	中村善
同	四日市	岩田
同	甲府	柳正堂
同	山口	桑原
同	金澤	田中
同	名古屋	佐藤
前頭	岐阜	郁文堂
同	富山	鄉川
同	靜岡	山口
同	熊本	符川
同	川口	古川
同	小濱	文々閣
同	岡山	大社
同	桑名	河村
同	東京	大島誠
同	仝	井上勇
同	仝	原川
同	仝	鈴木次
同	仝	好古屋
同	仝	北上
同	仝	松成堂
同	仝	尾張堂

佛書屋

東京	森江
東京	鴻盟社
大阪	吉田善
京都	丁九
京都	菱友
京都	永田
京都	菱新
京都	貝葉

●次第不同●著作の年月、著作者未詳。これを基礎に毎年訂正いたします（其中堂書賣書目廿七號附錄）

「日本全国古本屋見立番附」（「古本屋」第五号　昭和三年五月十五日　荒木伊兵衛書店）（大阪市立図書館蔵）